U0901856

数据型思维

[日] 中尾隆一郎 —— 著

李博轩 —— 译

「数字で考える」は武器になる

中国友谊出版公司

图书在版编目（CIP）数据

数据型思维 /（日）中尾隆一郎著；李博轩译．—
北京：中国友谊出版公司，2021.1
ISBN 978-7-5057-5079-1

Ⅰ．①数… Ⅱ．①中… ②李… Ⅲ．①企业管理－研
究 Ⅳ．① F272

中国版本图书馆 CIP 数据核字（2020）第 237653 号

书名 数据型思维
著者 [日] 中尾隆一郎
译者 李博轩
出版 中国友谊出版公司
发行 中国友谊出版公司
经销 新华书店
印刷 河北鹏润印刷有限公司
规格 880×1230 毫米 32 开
8 印张 158 千字
版次 2021 年 1 月第 1 版
印次 2021 年 1 月第 1 次印刷
书号 ISBN 978-7-5057-5079-1
定价 49.00 元
地址 北京市朝阳区西坝河南里 17 号楼
邮编 100028
电话 (010) 64678009

前　言

PREFACE

在日本，流行这样一句话——**“现在对于职员而言，‘用数据思考的能力’是必不可少的。”**这句话我相信大部分人都深有同感。特别是对于经营者和管理层的人员更是如此。因为他们有着“用数据思考”的习惯。因此，从经验来谈，他们明白“用数据思考”的重要性。或者说，因为他们对“下属不用数据思考”而感到不满，所以会对上面这句话颇为赞同。

“用数据思考”是怎样在工作中发挥作用的呢？我将其总结为图 1。

第一点，经营者和管理层的人员能够通过“数据”这一共同语言进行对话。具体来说，如果能够制作出带有数字、数据的资料的话，**就会提高资料的“说服力”和“传达力”。**这样一来，经营者和管理层的人员**就能够发挥出领导能力。**

第二点，“用数据思考”可以加强我们对于数据的理解。也就是说会使我们**对计算更加敏感。**这样一来，我们就能变成具有

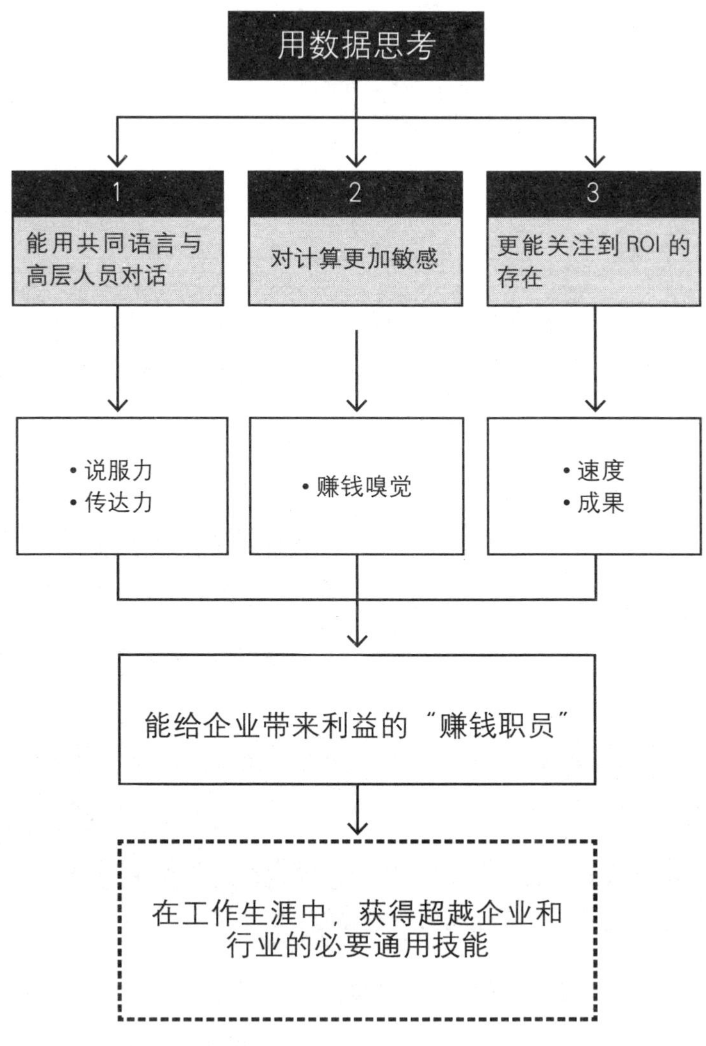

图1　数据思考在工作中的作用

“赚钱嗅觉”的人才。

最后第三点，“用数据思考”可以加强我们对于与 INPUT（投入，包括时间与金钱等）相对的 OUTPUT（产出，包括利润与效益等）的认知。我们一般将其称为 ROI（Return on Investment：投资回报率）。

能够在关注 ROI 的同时进行工作的话，我们**“工作的速度”和“产出的结果”也自然就会得到提高。**

换言之，**若善于“用数据思考”，我们就能够在给予方案足够的说服力的同时，在短时间内拿出成果。**这样的人才也被称作是能给企业带来利益的**“赚钱职员”**。当然，经营者和管理层的人员不会想错失这样的人才。

我们的工作成果，与我们完成这份工作所需要的能力中的“最弱的能力（也称作制约条件）”密切相关。简单来说就是制约条件会阻碍我们获得工作成果。与此同时，很多人认为“用数据思考”的这个能力就是制约条件。换言之，若是能够提升我们“用数据思考”的能力的话，我们就有可能一口气做出很大的工作成果。

“用数据思考的能力”是**超越企业和行业也能发挥作用的通用技能。**人类寿命越来越长，值得高兴的是，人们也越来越健康。也就是说，人们能够工作的时间也越来越长。与此相对，企业的寿命则在逐渐缩短。这意味着一个人在一家公司干到退休这件事变得越来越难。这也使得跳槽、创业、副业、多职业等情况的出现变得理所当然。在工作环境持续发生改变的当下，超越企业和行业也能发挥作用的“**用数据思考的能力**”，**对于职员而言可以说是必要技能。**

仅靠“四则运算”，就可以提高工作水平

另一方面，也有不少人说“我虽然知道数据对工作有所帮助，但实际运用时还是发怵”。事实上，我身边也有很多人说自己“最怕数据”。特别是说到用数据思考需要掌握统计学等高等数学知识的时候，“害怕数据”的人会大幅增加。确实，与统计学相关的知识和技能是很重要的。也有很多实例证明，具备了这些技能会对工作有所帮助。

但是，本书所说的“数据”，并非指与统计学相关的内容，而是指更加单纯的数据运用方法。具体来说就是通过**四则运算（加法、减法、乘法、除法）来培养“用数据思考的能力”。**可能大部分人都会对我这个说法半信半疑，“只用加减乘除就能培养出‘用数据思考的能力’吗？”

实际上，仅仅熟练使用四则运算，便可以在各种工作场合中发挥出意想不到的作用。这并不是夸大其词，而是事实。

你没有听错，仅仅通过基础运算，就能极大地提升工作能力。读过这本书，你**能够发现一个与众不同的视角**，**能够成为一**

个有“说服力”“影响力”“赚钱嗅觉”“高效率”和“高产出”的职场人士。

在 RECRUIT[1] 公司，所有的工作我都用数据进行判断

和大家稍微讲一下我的经历。

我从 1989 年 4 月到 2018 年 3 月的 29 年间，一直都在 RECRUIT GROUP 公司工作。得益于企业、上司以及同事的照顾，我在 RECRUIT 工作期间积累了丰富的工作经验。具体来说，我从技术员开始做起，在晋升的过程中，接触了销售、市场、调研、会计、管理等多个领域。既在公司总部 RECRUIT HOLDINGS 工作过一段时间，也担任过分公司的总经理和董事长，负责新事业的拓展工作，还亲自参与到一线的销售当中。**在 SUUMO 房屋租赁（日本一家不动产及房屋公司）和 RECRUIT TECHNOLOGIES（日本一家就业信息服务公司）这两家公司工作的数年间，我录用并培养了数百名新职员，还实现了公司的快速发展和低离职率的并存。**

1. 创立于 1960 年，是日本第一大人力集团，是人力资源、分类信息服务企业。在全球 16 个国家和市场拥有 100 多个分支机构，业务覆盖人力资源、房产、汽车、婚庆、教育等 10 大领域。

当然，这期间也并非一帆风顺。我曾在2000年左右提出向海外的中国市场进军，但董事会以“为时尚早”为由，拒绝了这个提议。说句题外话，在那之后大约20年，RECRUIT GROUP在海外市场的销售额占据了总销售额的将近一半。RECRUIT GROUP也成了名副其实的跨国企业。现在想想当时董事会的“进军海外市场为时尚早”的判断，真是恍如隔世。

我于2018年3月从RECRUIT GROUP退休。虽然我在RECRUIT GROUP工作之时就对于公司的员工擅长“用数据思考”这件事深有体会，但现在从已经退休的我的角度来看，RECRUIT GROUP的每个岗位的员工，特别是经营层和管理层的人员是十分擅长“用数据进行判断”的。准确来说是他们相当喜欢“用数据进行判断”。他们不仅在现场通过数据起草方案，在经营时也必然会使用数据进行判断。

举个例子，某个事业部门提出了在未来提高20%销售额的销售计划。确定目标后，经营团队把这20%分成了两个部分，10%由增加销售人员实现，10%由提高效率实现。在增加销售人员这部分，经营团队会找到相关指标，比如录用方法和录用时间、培养方法和培养时间等，根据具体数据进行推算讨论，确定出可行的计划及其ROI（投资回报率）。同理，在提高效率这部分，团队也会从具体的指标数据入手进行分析。最后，团队会综合比较各种可行方案，找出最优的方案。

为了能够“用数据进行判断”，事前必须要“理解数据”。

也就是说，“用数据思考”的顺序为“理解数据→用数据进行判断”。在这里的“理解”和“判断”中间存在着巨大的障碍。

在一般企业中，有很多企业虽然理解了数据，但是没有用数据进行判断。也就是说，很多企业止步于理解数据的阶段。

这种情况用调查报告来举例是最为贴切的。通过会议讨论，相关部门已经理解了调查报告的内容；但是，唯独没有对在调查报告中出现的数据进行判断分析，而是将决定留到下次更加详细的调查之后。然后，在下次会议中依然无法做出任何决定。这是我们经常听到、看到的事情，也是在日企中经常发生的事情。

我工作了 29 年的 RECRUIT GROUP 是一家能够理解数据，并且擅长用数据进行判断的企业。也就是说，**RECRUIT GROUP 用数据进行判断后，会将得出的结论付诸实际的行动当中**。而且，**从“理解数据”到“用数据进行判断”的过程转变迅速**。这才是所谓的“用数据进行判断”。

当然，不认真思考就用数据进行判断是万万不可取的。因此，我们自然也会对在工作现场使用准确的数据来制定并提交方案的能力有所要求。

我主讲的“关于数据的读法·想法”讲座连续开办11年的理由

在RECRUIT GROUP中，企业为了培养员工们的能力而开设了“**中介学校**”这样一个合作大学部门（企业内大学）。RECRUIT GROUP希望在这个部门中以讲座的形式传授给员工各种各样的思想和技能。因为RECRUIT GROUP是“用数据进行判断”的公司，所以关于数据的讲座也自然是必不可少的。

在这个部门中，我连续11年担任了“**关于数据的读法·想法**”和“**KPI（Key Performance Indicator：关键绩效指标）**”这两个主题的讲师一职。说是讲师，其实我并不是专门负责举办讲座的专职讲师。我是在负责前文所说的各种各样的工作的同时，每年举办两次讲座。每次讲座大约会有50人来参加。这样计算的话，在11年里已经有超过1 000名的管理者和职员听过我的讲座了。

每次讲座结束后，接下来是否还要继续开设此讲座，是征询听众的意见后决定的。我在标题中写道“连续开办11年”，这样写确实不太谦虚，但正是因为我主讲的讲座颇有人气，所以才能持续开办下去的。同时因为11年间我每年开设2次讲座，所以征询了11×2=22次听众的意见。也就是说，我**连续22次提供了令听众满意的讲座。**

2018年6月，我在“中介学校”中主讲的另一个讲座的内容，集结成《得到最佳结果的KPI管理》一书得到出版，好评如潮，半年时间便加印7次。在我想着另一个“关于数据的读法·想法”讲座的内容是否也能有幸以书籍的形式出版，从而帮助到读者的时候，KANK1出版股份有限公司的米田宽司先生找到我说：“有没有兴趣写一本关于数据的书？”

我听到这个消息时是十分高兴的。但是在写这本书的时候，我的心里也是七上八下的，总感觉是天上掉馅饼砸在了我的头上。

我将“关于数据的读法·想法”讲座中的内容总结为图2。

1 **四则运算（+、−、×、÷）**
仅仅通过算术的知识便可以有效运用数据

2 **剧本（假设）**
在开始分析（工作）之前先从结果进行逆推

3 **图像化**
使用图表和图画

4 **定性信息**
在数据（定量信息）中加入过去的经验和知识

5 **比较**
找到比较对象

图2　本书的要点

也就是说，仅仅有效运用四则运算就可以提升工作水平，做到有效地分析和提案。同时，在此基础上，在开始工作前做好“假设”，也能提升工作效率。在向上司和周围的同事说明方案时通过“图像化”处理，有效利用图表和图画，可以大大丰富自己的表达方式。接着是定性信息，也就是不能仅仅局限于得到的数据信息，还要充分有效地利用自己和周边同事过去的知识和经验。

关于定性信息，我在这里做一些补充。取得巨大成就的人，都是通过将乍一看毫不相关的领域技能联系在一起从而取得成功的。比如史蒂夫·乔布斯。大家是否知道“Connecting the dots（将生命中的点连接起来）”这个词？他将书法（优美地展现文字的艺术）运用到 MAC 电脑的开发上，并取得了巨大的成功。像这样的例子就可以说是充分利用了自己过去的知识和经验的优秀实例。

最后是比较。虽然在进行分析时并非一定要局限于数据，但是在分析过程中，仅通过分析对象，有可能无法理解提案内容。在这种情况下，通过增加比较对象，能够提高提案的真实性以及可行性。

与此同时，除了 RECRUIT 的“中介学校”中的讲座内容，本书还增添了许多全新的内容。

有机会的话还请各位一定要读读这本书，养成“用数据思考的习惯”，从而成为拥有“说服力”“影响力”“赚钱嗅觉”“高效率”和“高产出”的职场人士。

读完这本书，想必各位一定会惊异道：“**仅靠四则运算，竟然可以对工作起到这么大的帮助作用啊！**”

中尾隆一郎

目　录

CONTENTS

第 3 章

分析数据，能大幅提高经营和赚钱能力

第 4 章

分享数据，营造强大说服力和影响力

第 5 章

快速培养数据型思维的七大秘诀

第 1 章

利用数据，能让效率大幅提高

- 高效完成工作的技巧 1——因数分解
- 高效完成工作的技巧 2——ROI 思考
- 高效完成工作的技巧 3——假设思考

“工作效率高”这件事会使人感动。

请试着想象一下。你委托给同事一份工作，同事在截止日期前将成果交给了你。你会有什么感觉?

如果同事早早地将成果交给我的话，我自然会非常高兴。当然，成果的质量也十分重要。若我在检查过成果之后发现其水准与我的预想一致的话，我会更加高兴。我也会觉得那位同事“能干”，从而信赖他。

如果同事交付的成果的水准之高超乎我的预料的话，我会十分感动。因为他在这么短的时间内完成了如此高质量的成果。以我的性格来说，我可能还会对他的工作安排认真请教。

另一方面，即使成果的水准没有达到我的预期也没关系。**因为交付得很早，到截止日期之前还有时间，所以仍然有空修改。**

也就是说，**“工作效率高”是被认为“能干”的非常重要且简单的评判标准。**我称其为“Speed is Power”（速度就是力量）。Speed is Power 所指的正是图 3 中的①和②：①代表的“用更短的时间完成相同的工作”，②代表的“用相同的时间完成更多的工作”。前文所说的同事在截止日期前将成果交给我是与①相吻合的。①和②都是提高效率的方法，用“前言”部分提到的表示效率的 ROI 来说明的话，要想提高 ROI 的值有两种方法，一是要缩小分母 I 的值；二是要扩大分子 R 的值。①②都可以提高 ROI。

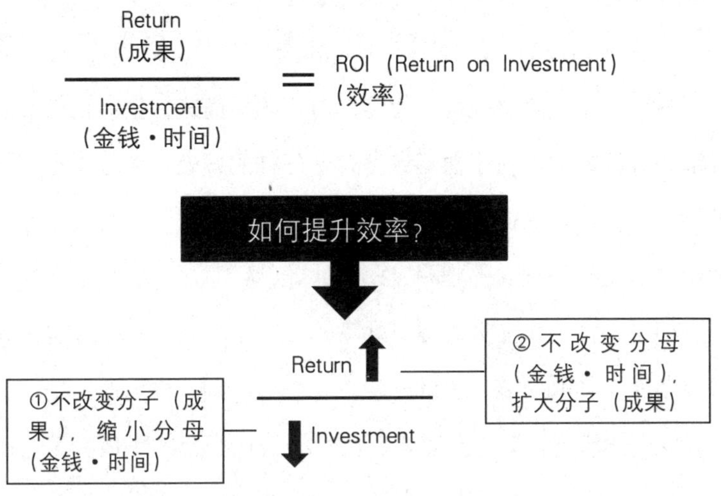

图 3　实现 Speed is Power 的两个方法

在这里我不使用“效率”这个词，而特意使用 Speed is Power 这一说法是有原因的。

Speed is Power 是我在 RECRUIT 的房屋公司工作时的一句口号。这句口号是由当时的经理，也是现在 RECRUIT HOLDINGS 公司的 CEO 峰岸真澄先生以同时实现“缩减劳动时间”和“提高效率”为目标提出来的。在这句口号的引领下，当时的公司工作取得了巨大成果，RECRUIT 也在同时实现劳动时间的缩减和效率的提高方面取得了成功。

语言是极其重要的。在工作现场对成员说：“让我们加油干，早点完成工作吧！”大家都会回答道：“没问题！”最后要是实现了早日完成工作的目标的话是再好不过的了。但是很多情况下我们往往没能早日完成工作。这到底是为什么呢？

大家都知道效率的提高会对公司有所裨益。效率提高的话，公司的业绩也会随之提高。但是，**对于职员而言，他们往往难以弄清楚效率的提高对于他们自身有着怎样的好处。**结果就是在很多情况下，效率的提高仅仅停留在公司的口号层面，特别是在白领阶层，这样的倾向十分明显。

但是实际上，在努力提高效率的过程中，我们每个人也都掌握了各种各样的技能。也就是说，我们也得到了很大的益处。我认为这是 RECRUIT 的高层想要传达给公司职员的事情。但是可惜的是，“提高效率”这样的老一套的说辞，是难以让大家深入思考的。

Speed is Power，换言之，“提升速度，会给你的工作带来力量”这种说法会更容易得到认可，不是吗？因此，在我希望成员提高工作效率的时候，我就会使用 Speed is Power 这句口号。

加班工作，应该得到称赞吗

话说回来，在日本企业中，与 Speed is Power 相反的事情有很多，很让人意想不到。具体来说就是称赞职工加班的这种文化根深蒂固。在日企中有称赞“加班的职工＝认真工作、努力”的倾向。

而且也有实例表明职工加班工作会得到双重称赞。一重是因为职工加班可以获得加班费，所以会得到称赞。另外一重是，在对职工进行期末业绩评价时，因为这个人平时一直加班工作很努力，所以很可能对这个人有高评价，从而为其业绩评分加分。这便是职工因加班而获得的双重称赞。

因此，**我在进行职工业绩评价的时候，会事先准备好职工所得加班费的数据。**在进行期末业绩评价时，我会在参考加班费数据的同时确认不会再对职工的加班给予称赞。这也是使用数据公平地进行评价的方法之一。

在安倍政权所提倡的“工作方式改革”的讨论中，当时很多声音表明“不能缩短劳动时间”。其理由是，缩短劳动时间的话，会带来成果减少、业绩恶化的不良影响。

这种说法是不是正确的呢？假如，“缩短劳动时间会使成果减少”这个判断是正确的话，那么这句话中的“前提”就被隐藏起来了。也就是，这些公司的效率已经无法得到改善这一前提。

这意味着这些公司的效率水平已经达到瓶颈状态，无法再次提高。当然，现在也许存在着这样的公司、工作单位。但是，大多数企业、工作单位的效率水平是否已经达到瓶颈状态，对此我抱有怀疑。

实际上，对不同国家的效率水平进行比较会发现，日本蓝领阶层的工作效率水平很高，但是白领阶层的工作效率水平很低。很多白领阶层参加报告中心的会议等工作内容可以说是效率低下的典型实例。其他的，比如销售主管只看重业绩，要求员工经常加班；在进行系统开发时不事先测定效率就直接投入开发人员；不给予海外子公司和海外视察小组任何权限就直接去访问候补投资风险企业，给对方企业带来困扰等都是效率低下的典型实例。

一般来说，白领阶层的工作效率是难以进行测定的。但是，公司往往将困难作为挡箭牌，根本不去测定其效率。**用数据留下记录是提升效率的第一步**。但是，大多数的公司和工作单位却不做记录。别说做记录了，他们甚至认为减少工作时间会导致业绩下滑。他们是以什么为依据得出这样的判断的？我感到非常不可思议。

用数据掌控现状，用正确的方法改善，是可以实现公司效率的提高以及帮助职工提升工作能力的。

那么，要掌握什么样的数据呢？接下来我将介绍具体方法（参考图 4）。

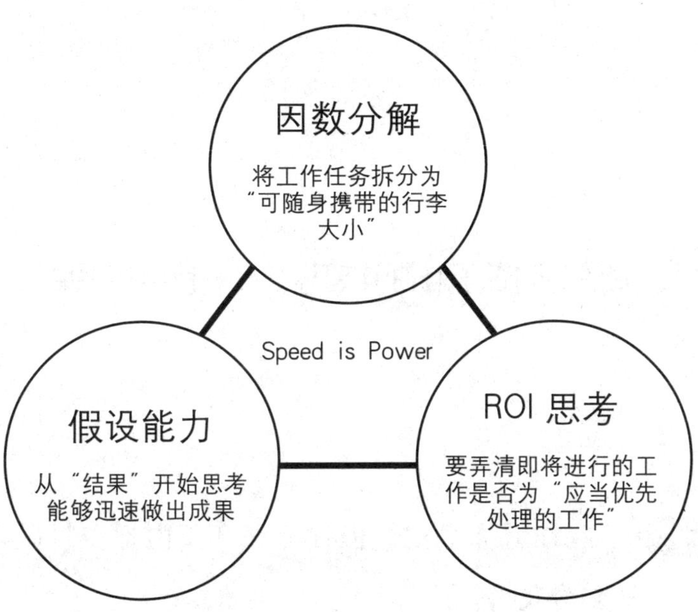

图 4　在第 1 章中进行讲解的 3 个重点

高效完成工作的技巧 1——因数分解

实例 “我知道你很忙，但你能在 3 天内把资料做好交给我吗？”

现在是星期二的下午。你委托给一名看起来一直都很忙碌的下属一份资料制作的工作。这份资料只有这名下属能够制作完成。你委托下属这份工作时，其反应比较接近以下哪个选项？

或者说，反过来当你被上司委托完成资料制作的工作时，你的反应更接近下面哪个选项？顺便说一句，你要预想你自己本周的日程将会非常忙碌。

①解释自己这周工作很忙，委婉地拒绝

②首先了解关于资料制作的事宜，接下来考虑自己的日程

③确认资料内容及交付日期，考虑对策

④确认资料内容及交付日期，向对方传达自己目前的工作状况，确认工作优先顺序

⑤其他

请在①～⑤的选项中选择出与自己相近的回答。如果是⑤的话，请写出具体内容。

当你是上司的情况下，你将工作委托给下属时，下属的反应与（　）相近。

当你是下属的情况下，你收到上司的工作委托时，你的反应与（　）相近。

分配“工时”的重要性

通过上述这个实例，我来为大家说明如何能够在每天的工作中实现 Speed is Power。

在这里，我们把“下属看起来一直很忙”这一点作为前提条件。在这种情况下，下属的正常反应大概率是①和②。在①的拒绝的情况下，可能也会有“因为下属这周很忙，所以其不加说明便直接拒绝”的选项。在②的情况下，即使下属想要拒绝但最终不得不接受上司的工作委托，所以最终下属就会通过加班来应对。

另一方面，回答内容为③的人（根据资料内容及交付日期考虑对策的类型）是相对而言能把工作做得井井有条的类型。回答内容为④的人（确认资料内容及交付日期，重新排列好自己现在所有工作的优先顺序的类型），可以说是工作效率更高的类型。也就是说，比起回答内容为①②的人，**回答内容为③④的人大多是工作效率更高的类型。**

①②与③④有什么不同之处呢？区分其区别的关键词是“**交付日期管理**”和“**工时管理**”。在图 5 中，我整理好了“交付日期管理”和“工时管理”的区别。正确理解这两者的区别，是实现 Speed is Power 的必要条件。

“交付日期”，就是所谓的“**截止日期**”。也就是这项工作任务必须在什么时间内完成的日期。在这次的案例研究中，我们假设要在星期五的13点之前完成资料的制作。

另一个“工时”，也就是指**完成工作任务需要花费的“预计时间”**。在这次的案例研究中，我们假设资料制作需要4小时。进一步细分，我们可以将资料制作的整体步骤分为“设计1小时”“资料收集1小时”“草案制作1小时”“商讨30分钟”“修改—完成30分钟”五个部分。

我将这样的拆分过程称为“因数分解”，之后我会为其做出详细说明。这里简单地说明一下，**“因数分解”是实现Speed is Power的颇为有效的技巧。**

交付日期管理

任务	交付日期
制作××公司提案资料草案	6月9日
制作××公司提案资料最终版	6月16日
制作与××先生会面的备忘录	6月3日
制作经营规划会议的草案	6月5日

交付日期与工时管理

任务	工时	交付日期
制作××公司提案资料草案	2小时	6月9日
制作××公司提案资料最终版	4小时	6月16日
制作与××先生会面的备忘录	30分钟	6月3日
制作经营规划会议的草案	2小时	6月5日

图5“交付日期管理”与“交付日期与工时管理”

总结来说，“交付日期管理”与“交付日期与工时管理”的区别就是工作任务是用“截止日期”还是用“预计时间”来管理。大家采用的是哪种方法呢？

从这一点出发，这次的案例研究的回答内容可以通过交付日期总结为图 6。也就是说，①②类型的人仅采用“交付日期管理”的方法，与此相对，③④类型的人除了“交付日期管理”外，还采用“工时管理”的方法。

做不到 Speed is Power 的、效率低下的人大多仅采用“用交付日期管理工作”的方法，而**效率高的人则是同时用交**

交付日期派系	“交付日期＋工时”派系
①解释自己这周工作很忙，委婉地拒绝	③确认资料内容及交付日期，考虑对策
②首先了解关于资料制作的事宜，接下来考虑自己的日程	④确认资料内容及交付日期，向对方传达自己目前的工作状况，确认工作优先顺序

图6　交付日期派系与“交付日期＋工时”派系

付日期与工时对工作进行管理。

你是怎样做的呢？

在这次的案例中，仅用“交付日期”进行工作管理的上司与下属之间会产生怎样的对话呢？这里用“上”代表上司，用“部”代表下属。

上：××，我想让你在这周五13点前完成一份资料的制作，有什么问题吗？

部：我这周工作非常忙，所以可能有些勉强。

上：你确实挺忙啊。

部：是的。您也是知道的。而且我这周工作尤其忙，所以很难再做其他工作了。

上：这样啊。我也知道你非常忙，但是这份资料的制作只有你能完成，所以拜托你想想办法。

部：我确实很难处理这样突如其来的工作安排。

上：我也明白情况，但还是拜托你想想办法。这周五13点前完成就行，拜托了。

部：您话说到这个分上，我也只能做了。但是这样一来，我只好先暂停别的工作安排了。

上司在面对下属时，利用上司的立场将工作强行安排给下属。下属总共表达了3次“办不到”的意愿。这也是在实际的职场中经常发生的事情。因为经常发生，所以大家会对此感到麻木，甚至会认为“这种事情是理所当然的”。

但是，要求下属完成这样突如其来的工作安排，只会让下属觉得上司总是在给自己安排这种不合理的工作。上司也会觉得这明明是下属必须要完成的工作，下属却一而再、再而三地推脱，让人感到麻烦。我们也不难想象，这种情绪今后也会存留在双方心中，不利于双方关系的发展。

那么，同时管理“交付日期”和“工时”的上司和下属之间的对话是怎样的呢？

上：××，我想让你在这周五13点前完成一份资料的制作，有什么问题吗？

部：我这周工作非常忙，所以能不能让我先确认一下资料内容呢？

上：没问题，这次要制作的资料是××的起草资料。

部：这样啊，工时大概需要四小时左右。

上：这个四个小时的工时，你是怎么计算出来的？

部：设计1小时、资料收集1小时、草案制作1小时、商讨30分钟、修改—完成30分钟。

上：原来如此。现在“设计”和“资料收集”的工作已经完成了，所以我们假设“草案制作”和“商讨”“修改”共需要花费两小时。我刚才确认了一下你的日程表，你今天下午和明天下午可以空出各一小时的时间，总共可以空出来两个小时，所以我想你可以在这个时间内完成资料的制作。

部：我明白了。这样的话我可以在不耽误其他工作安排的情况下完成资料的制作。

从上述两人的对话中我们了解到，上司除了在开头提到周五 13 点这个交付日期之外，还提到了制作资料需要花费的时间，也就是“工时”。**使用“工时”进行对话，不仅可以确认好下属日程中的空闲时间，还可以确认出资料的制作不会对下属的其他工作安排产生影响。**

假如，找不到自己预想中的下属日程中的空闲时间，也就是上面的 2 小时的话，该怎么办好呢？

方法主要有两个。一个是调换资料的制作与下属其他工作的优先顺序，制造出空闲日程。另一个方法是**让下属与其他员工分担工作。**

可以考虑让这个下属与其他员工共同承担这两个小时的工作量。在资料制作的步骤中，只有这个下属能够完成的应该是“草案制作”的部分。因此，可以只将这 1 个小时的“草案制作”的工作任务安排给这个下属，而与上司的商讨以及对资料的“修改—完成”的任务则可以安排给其他员工。

不管是通过哪一种方法，想必大家都对用工时这种“数据”进行工作管理能够提高效率这件事有了一定的认识。

在对工时进行估算时存在一个要点，那就是“**将工作任务拆分为‘可随身携带的行李大小’**”。接下来我将对这个要点进行说明。

将工作任务细分成小块

在说到工时的估算时，突然蹦出来“行李”这个词，肯定会有很多人感到不解。这里所说的“行李”，只是一个比喻。

如果自己被委托了一项巨大的课题（工作）的话，因为工程量太大，所以自己会不知道怎么办好，最后无计可施，进退两难。最终什么也完不成。

那么，怎样做好呢？先将大课题（工作）拆分，分成具体的小步骤。接下来，将分好的工作按步骤一项一项地完成。随着这些小工作不断被完成，最终原本的大工作也能够得以完成。我将这一方法称为**“因数分解”**。

工时的估算也是一样的道理。估算大行李，也就是在估算将会花费很长时间的工作时，误差很容易变大。因为我们在估算自己不曾接触过的工作的工时时，不知不觉就会把时间估算长。因此，我们要将其转变为自己能够估算的行李大小。

请试着想象一下实际运送大件行李的工作。因为行李太大了，所以无法轻易移动。这种情况下就可以**把它分成自己和同事能够运送的大小，分头运送**。我将其称为“将工作任务拆分为‘可随身携带的行李大小’”。

在我工作的职场中，有一位很擅长使用“因数分解”的领导。因为他是扩大海外业务的部门主管，所以他“将工作任务拆分为‘可随身携带的行李大小’”的能力非常高。

他每天的工作时间大约为8小时。在这8个小时中，**他不仅需要排好自己工作的优先顺序，也要将需要优先完成的工作任务分配给下属。**因此，他会根据下属的技能和经验适当地改变分配给下属的“行李的大小”。

即使是相同的工作任务，资历深的A一小时可以完成，若是资历浅的B的话则需要2个小时。这也可以通过他们的数据（他们完成一项工作的估算工时和实际工时）进行确认。

这样一来就可以一边参考这些数据，一边改变分配给下属的任务量。比如B完成这项工作需要2个小时，就可以将这项任务细致地因数分解为两个1小时的任务，或者更加细致地分为四个30分钟的任务之后再去分配给B。这样一来资历浅的B就可以以30分钟或者1小时为单位确认工作进展。这对于B本人而言也更容易测定他自己的工作效率。

这位主管曾对我说：“**我自己的核心竞争力，就是能够根据不同的对象将工作任务进行细分。**”凭借着这项技能，他不仅在公司内的工作中如鱼得水，而且还能高效率负责与海外合作企业的对接合作等各种各样的大型工作。

这个“因数分解”的技能除了用于估算工时，还可以在很多情况下灵活使用，从而实现将 Speed is Power 变成你的核心竞争力。接下来我将介绍其中的一个例子。

分解得当，便能够提高行动力

“要想成为一个领域的专家，需要 1 万小时的学习时间”，这是马尔科姆·格拉德威尔先生的畅销书《异类》中的一句话。在日本，想必读过胜间和代先生日译的《天才！成功人士的法则》这本书的人也不在少数。

每天学习 8 小时的话，学到“1 万小时”需要花费 5 年的时间。每天学习 4 小时的话，则需要 10 年的时间。古人云：“在石头上坐三年能把石头捂热（功到自然成）”。但是成为专家所需要的时间比这还要长。这并不是所有人都可以轻易付出的时间。另一方面，随着 IT 和各式新兴技术的兴起，了解并熟悉某事所需要的时间正在逐渐缩短。这样一想，真的需要 1 万小时吗？

在我们小时候，**学骑自行车**对于父母而言是一件大事。首先，父母会在自行车的后轮两侧安装辅助轮，使自行车不管向哪边倾斜都不会倒。在孩子稍微能够骑车前进的时候，父母会取下一边的辅助轮。孩子在练习的时候，如果快要摔倒了的话，就可以调整姿势向有辅助轮的一侧倾斜以防摔倒。在熟悉这一步后就可以进入最终阶段，也就是取下另一边的辅助轮。

可是，接下来才是最困难的阶段，需要父母登场了。在这一阶段父母会与孩子并行，看到孩子快要摔倒时就去帮其扶稳自行车。这样持续数日，某一刻，孩子突然可以自由地骑自行车了。这是相当令人感动的时刻。但是，在学会之前孩子摔倒了好几次。父母也一直弯着腰与自行车并行，相当辛苦。即使是运动神经很好的孩子可能也需要一周左右的时间才能完全学会。

但是现在，父母已经不再这样教孩子骑自行车了。试着对学骑自行车这件事进行因数分解可以得到：**骑自行车 = 掌握骑自行车的平衡感 + 踩着脚踏板前进。**首先父母会卸下自行车的踏板。接下来，孩子用脚蹬地面带动自行车前进的同时保持平衡，按照自己的想法进行“前进”和“拐弯”的训练。用 30 分钟到一个小时的时间，孩子们便可以自由地骑卸下踏板的自行车了。在这个阶段他们掌握了用脚蹬地来控制自行车的方法。

接下来，进入下一个阶段，也就是学骑安装好脚踏板的自行车。因为已经做到了用脚蹬地来控制自行车的平衡，所以只要 30 分钟到一个小时的时间，孩子就可以熟练地踩踏板骑自行车了。而且与上面那种方法相比，孩子不容易摔倒擦伤。仅仅改变练习方法，就可以大幅缩短孩子学骑自行车的时间。

这样的因数分解不仅仅局限于学骑自行车。在日本的饮食行业中也存在着像“拉面大学”“寿司学院”这样的培训机构。在这样的机构中仅用数周到一个月的时间就可以掌握开设饮食店的诀窍。这也是因为培训机构**通过对开店的诀窍进行因数分解，从而找出关键之处，如此一来就可以让学员在短时间内掌握其中的诀窍。**

以往在饮食店里学习相关技能，至少也需要 1~2 年的打杂时间。可能这种杂务工作在现在也是十分重要的，但是，要是开店的前提是要进行杂务工作的话，在公司上班的人就只有在退休以后才有时间学习了。而且，如果在开始学习开店知识之后才发现自己并没有开店的品位与才能的话，就为时已晚了。

但是若有几个星期左右的时间便可以掌握开店诀窍这一选择的话，人们就可以在休长假的时候去学习。**现在越来越多的人在下定决心选择某条路前，会选择先学习了解一下这条路。**

我们也可以将“以一流人士为目标”这件事进行因数分解来考虑。请看图 7。我们假设“100 万人中的 1 人”为超一流人士，“1 000 人中的 1 人”为一流人士。100 万人中的 1 人或者 1 000

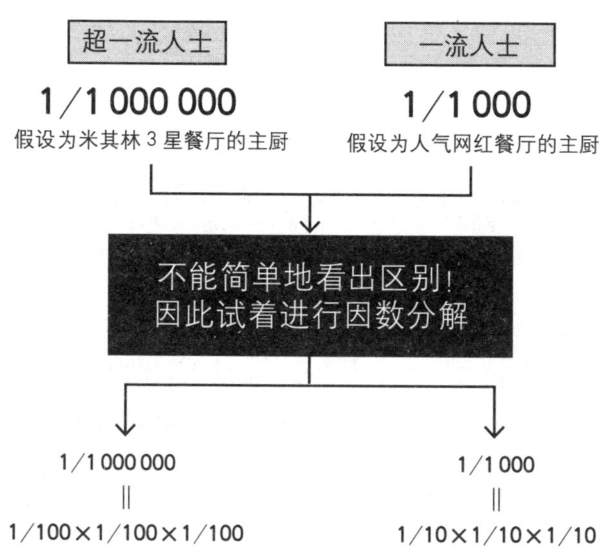

图 7　对超一流和一流人士进行因数分解

人中的 1 人是很不得了的数字。在我们的印象中，100 万人中的 1 人大概是米其林三星级餐厅的主厨，而 1 000 人中的 1 人则是人气网红餐厅的主厨。

对这两个数字进行因数分解，

1 000 000=100 × 100 × 100

1 000=10 × 10 × 10

我们可以发现也就是要找到三个自己的专业领域。而且自己要在这三个专业领域中达到“100 人或者 10 人中的 1 人”的水平。要是 100 人中的 1 人、10 人中的 1 人这样的数字的话，大家就一定能够为了成为这样的人而努力下去。

当然找到三个这样的专业领域也是十分困难的。但是，与先前的成为超一流人士或者一流人士的目标所需要的时间相比，找出三个自己的专业领域所需要的时间已经相当短了。

在我的同事中，有不了解“要想成为一个领域的专家，需要 1 万小时的学习时间”这句话的人，也有因不知道如何成为一流人士而苦于无法改变现状的人。对这些同事，我会对他们说：“能成为一个领域中的超一流人士是很了不起的，但是只有极少数人才有机会成为那样的人。也就是说我们能够成为超一流人士的可能性很低。但是可以换个思路，我们可以将成为超一流人士的目标分解为找到自己擅长的三个专业领域，并成为这三个领域中的专家。这个目标实现的可能性很高，而且和成为超一流人士的目标是相吻合的。”听到这个回答的同事，都感受到了自己身上的可能性并为之努力起来。

我将这一个又一个的专业领域称为“标签”。增加自己的标签，就是今后自己成为一流人士的方法之一。那么大家身上有多少标签呢？虽然下面专栏的内容可能不能让你成为“超一流”或“一流”，但我还是简单地为大家介绍一下增加自己身上标签的“六分之一标签”的方法。

专栏 17% 的法则

下面我将通过自己经历过的一件事情为大家介绍为自己添加标签的方法。我称之为“**17% 的法则**”。17%，也就是大约六分之一。

2000 年，我在 RECRUIT WORKS 研究所工作时，负责过以 1.3 万人为对象的调查研究工作。这也是该研究所现在所进行的以约 5 万人为调查对象的大规模“就业实态面板调查”。这项调查研究最开始被称为“自主学习工作人员调查”。通过这项调查研究发现，在调查对象中自主学习工作知识的人数仅为“17%”。我对于自主学习工作知识的人数如此之少而感到震惊。

这里的 17%，也就是大约六分之一，大家认为这个数值有什么含义呢？这是指**在过去一个月的时间内主动学习吸收与工作相关的知识信息（阅读书籍、收听演讲、询问专家等）的人的比例。**

有报告指出，在最近的“就业实态面板调查”中，虽然调查问卷的问题不尽相同，但结果都显示出有着自学习惯的员工的比例并不高。从结果来看，日本的职工在平时好像并不怎么自主学习与工作相关的知识。

顺便一提，这 17% 的自主学习工作知识的人与剩下的 83% 相比，**若是同龄人的话，往往是他们职务更高、薪水更高，若是**

相同职务的话也是他们的薪水更高，若是相同学历的话还是他们的薪水更高。

也就是说，只要定期主动地学习吸收与工作相关的知识信息，即使是仅仅阅读了与工作相关的书籍，也有可能成为“6个人当中的第一”。而且如果能成为“6个人当中的第一”的话，也有很大的可能升职加薪。这是非常有效的标签。

这种主动学习吸收知识的做法，可能不会马上见效，但是长期坚持下去的话一定会有效果。

我自己是相信这个标签的。所以在我了解到这个数值以后，我给自己定下了每年阅读100本书的任务。大家是不是感觉一年阅读100本书有点多？但是，我可以将这个目标任务因数分解为“可随身携带的行李大小”。

一年阅读100本书相当于1个月阅读8本书。也就是每周阅读2本书。

要想知道我们是否能够完成上面的阅读任务，首先要进行“测定”。进行测定的要点有二：一为书籍的平均页数，二为我们自身的阅读速度。绝大部分书籍的页数大约为200～300页。我自己读书的速度大概是每分钟1页。假设一本书有250页的话，我读完一本书所需要的时间就是250分钟，约等于4小时。根据这两项数值就可以推算出如果我每周要读完两本书的话，就需要8个小时（500分钟左右）。

我住在横滨，从我家到公司的所在地东京需要花费40分钟。

我也试着计算了是否能够利用通勤时间来读书。因为我每周上5天班，所以通勤来回就是10次。通勤乘坐电车的时间就是“40分钟 ×10次=400分钟”。在看书所需要的500分钟里，有400分钟是可以通过通勤时间达成的。剩下的100分钟，实际上不到2个小时。这样一来周末的两天时间是完全足够读完100分钟的书籍内容的。

在进行了上述的费米推定（关于费米推定会在下文进行详细介绍）之后，我了解到我是完全可以每年读完100本书的。因此在之后的20年间，我每年都坚持读100本书，总计超过2000本。这提高了我完成工作任务的基础能力。而且，这也给我新增了一个标签，即“中尾（我）= 坚持阅读很多书籍的人 = 提案的可信度很高”。这不仅对我有效，对大家而言也是投资回报率很高的方法。我也十分推荐大家这样做。那么就请大家先从测定自己的读书速度开始吧。

高效完成工作的技巧 2——ROI 思考

实例 “能否做到在不增加销售人员的情况下，提高 5% 的销售额？”

从这个部分开始，为了实现 Speed is Power，我们将从其他角度来做一个简单的案例研究。关键词是“**应完成的工作的顺序**”。这里我们从前文多次提到的 ROI 的角度出发进行研究。

假如你现在是销售部门的计划负责人，你的工作内容是制定销售部门的销售战略和战术，支援销售专员的工作。某一天，你收到了销售主管的工作安排，内容如下：“我们部门 5 月份按照销售计划，在 35 名销售人员的共同努力下实现了 1 亿 500 万日元的销售额目标，人均销售额达到了 300 万日元。同时大部分地区都达成了销售目标。我认为现在情况良好。所以接下来能否做到在不增加销售人员的情况下，提高 5% 的销售额？我希望你给出一个方案。”表 1 是各地区 5 月份的销售额。你得到的资料只有这张简单的表格。

作为销售部门的计划负责人，你会怎样进行分析、提案呢？这就是本次案例研究的课题，要求你迅速地做出此次工作安排的方案。

表 1　每个区域、每种商品的销售业绩

单位：万日元

	达成情况	合计	商品 A	商品 B
首都圈	🚩	3 800	2 150	1 650
关西	🚩	1 680	1 140	540
东海地区		1 120	700	420
其他地区	🚩	3 900	2 850	1 050
合计	🚩	10 500	6 840	3 660

工作之前，要先考虑投资和回报

首先，此次工作的要点是“这项工作是否重要”。也就是说**要确认这项工作对你，或者对于公司而言，是否为应该完成的工作。**

上司安排的工作内容为“**保持现在销售人员的人数的同时提高 5% 的销售额**”。有的人会认为上司安排的工作全部都是重要的，但是，是否真是如此呢？人无完人，上司也有可能安排无用的工作。

在我 30 年的工作经历中，也出现过这样的事情。我在退休之前的 15 年间一直担任公司管理层的职务。在那期间也曾给职工安排过不重要的工作。在前 15 年我自己还是职工的时候，也曾做过并不重要的工作。

不重要的工作，简单来说就是 **ROI 值小的工作**。在前文图 3 中我们可以看到，ROI（Return on Investment）的分子 R 所表示的是 Return（成果），分母 I 所表示的是 Investment（时间和金钱）。ROI 值小指的是，这个分数的数值小。具体来说就是**分子 R 小的工作，或者是与分子 R 相比分母 I 大的工作。**

如果了解到自己要做的工作是 ROI 值小的工作，也就是并不重要的工作的话，该怎么做好呢？最好的办法就是向上司说明这项工作没有进行的必要，申请取消这项工作安排。

但是，即使向上司说明了这项工作没有必要进行，但上司仍然要求必须完成的话，就要尽可能地缩短在这项工作上花费的时间，也就是要缩小 ROI 的分母 I 的值，从而尽量扩大 ROI。

有的人认为，即使上司安排下来的工作的重要性很低，也无法向上司申请取消这项工作安排。

但是，在销售量突破 20 万本的《从问题开始》一书中也写道：“**在 100 项工作安排中，真正值得做的只有一两项。**”人生实在太过短暂，所以我建议大家要认真选出值得做的工作。

虽然我认为自己是在认真挑选后再进行工作的，但是读了这本书之后，我才认识到自己还是想得太简单了。请大家一定要鼓起勇气对上司安排下来的无用工作说“不”。时间是有限的，我们没有闲暇去做无用功。

首先考虑清楚上司安排下来的工作是否值得去做，这一进行判断的步骤，是实现 Speed is Power 的一个有效方法。在判断“上司安排下来的工作是否重要”时，存在一个有效的技巧，那就是“费米推定”。

解决复杂问题的思维方式——费米推定

最近在顾问行业的公司面试中经常会问到“费米推定”，所以可能很多人已经对“费米推定”有了一定的了解。

费米推定是指，短时间内对乍一看荒唐滑稽的问题做出回答的方法论。比如在回答“琵琶湖里的水有多少滴？”“温布尔登网球场有多少个草坪？”“若用卡车移动富士山，需要多少辆载重 2 吨的卡车？”等问题时所采用的方法。“费米推定”的说法来源于其创造者恩里科·费米的名字。

那么接下来，让我们实际做一下费米推定的练习，请大家准备好笔纸。

题目是“请思考日本全国的电线杆数量”，时间为 5 分钟，计算只需要四则运算。当然请不要上网查询。

我将其中的一个例子总结为图 8。这里之所以说是“一个例子”，是因为除了图 8 的例子外，还有很多其他的想法。我在这里所介绍的，是从“在一定面积中，存在多少根电线杆”的思考出发进行解答的方法。

第一步，先推算出日本全国的面积；第二步，可以根据日本的国土面积对日本全国电线杆的大致密度（相邻电线杆之间的距离为多少）进行推算，所以在计算时将日本分为数个区域；第三步，推算出每个区域内电线杆的密度；第四步，整合第二步和第三步的计算结果并推算出日本全国的电线杆数。

我相信读到这里的读者已经有所理解，在解答这个题目时，并不是要立刻开始计算，而是像这样将题目“因数分解”为具体的步骤之后按照顺序进行推算。这一点十分重要。接下来就让我们对这四个步骤进行具体的分析。

第一步：**推算日本全国的面积。**有的人可能在地理课上学过日本的国土面积大约是 380 000 km^2，所以直接拿来用也没有关系。但是，想必也有不清楚日本国土面积的人。

因此，我们需要对日本全国的面积进行推算。假设日本国土的形状是一个长方形。对此大家可能会觉得不太精确，但是这里只需要我们把握大概的面积，所以想象成容易计算的形状比较好。

要计算长方形的面积，我们需要知道其长和宽的数值。日本这个长方形的长是从九州到北海道的长度。如果知道东京到大阪之间的距离约为 500 km 的话，就能推算出整体长度为其 4 倍的日本的长度为 500 km × 4 ＝ 2000 km。宽也同理，因为宽的数值是要比 500 km 这个长度的数值短的，所以我们推算为 200 km。这样一来就可以计算出日本的大概面积。也就是长 2000 km × 宽 200 km=400 000 km^2。

第二步：**推算日本全国范围内每平方千米的电线杆数。**我们可以想象出，在人口密集的“都市”地区和其他地区，每平方千米的电线杆数是不同的。**因此我们可以将日本整体分为“都市”和首都圈以外的“其他地区”两个部分。**

我们印象中的日本都市主要是一些县厅所在地和大城市。这样我们就可以推算出都市和其他地区的面积比为 20∶80 左右。根据上一步推算出来的日本的总面积为 400 000 km^2，可以推算出都市的面积为 400 000 $km^2 \times 20\%$=80 000 km^2，其他地区的面积为 400 000 $km^2 \times 80\%$=320 000 km^2。

第三步：**推算相邻电线杆之间的距离。**假设都市每隔 50 m 会有一根电线杆，其他地区每隔 200 m 会有一根电线杆。以此为前提可以算出都市每 1 km 会有 20 根电线杆，其他地区每 1 km 会有 5 根电线杆。据此可以推算出，1 km^2 的都市中有 20×20=400 根电线杆。1 km^2 的其他地区中有 5×5=25 根电线杆。

第四步：推算出答案（日本全国的电线杆数）。在第二步中，已经推算出都市和其他地区的面积分别是 80 000 km^2 和 320 000 km^2。在第三步中，也已经推算出每 1 km^2 的都市和其他地区的电线杆数分别为 400 根和 25 根。于是可以计算出：

都市的电线杆数：400 根 /$km^2 \times$ 80 000 km^2=3 200 万根

其他地区的电线杆数：25 根 /$km^2 \times$ 320 000 km^2=800 万根

1	推算日本全国的面积

- 假设日本的形状是长方形
- 清楚东京到大阪之间的距离约为 500 km
- 日本全长是东京到大阪距离的大约 4 倍 =2 000 km
- 宽不到全长的一半 =200 km
- 面积大约为 400 000 km^2

2	将日本分为都市和首都圈之外的其他地区

- **都市** 面积约为全国20%=400 000 km^2 × 20%=80 000 km^2
- **其他地区** 面积约为全国80%=400 000 km^2 × 80%=320 000 km^2

3	推算每个区域的电线杆密度

- **都市** 每50 m有一根电线杆，那么1 km^2 有400根
- **其他地区** 每200 m有一根电线杆，那么1 km^2 有25根

4	根据 2 和 3 的结果推算日本全国的电线杆数

- **都市** 400 × 80 000 = 3 200万根
- **其他地区** 25 × 320 000 = 800万根

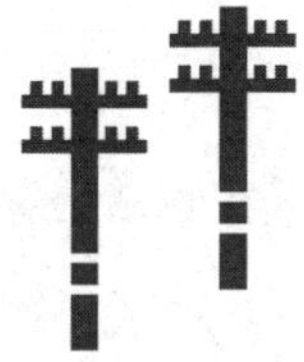

合计：4 000 万根

图 8　用费米推定来计算日本全国的电线杆数（其中一例）

我们就可以推算出日本全国的电线杆总数为 4 000 万根。

使用费米推定，并不是为了单纯地找到答案。**所以我希望大家能够从多种解决方案中找到最佳的方法。**在这里我使用的方法是用费米推定推算出一定面积内的电线杆数。除此之外还有很多的推算方法。

事实上，我在“中介学校”中主讲“关于数据的读法·想法”的主题讲座时，当时的听众也找到了许多推算电线杆数的方法。比如，电线杆是给家庭和企业输送电力的装置。因此就有人想，能不能从企业数量和家庭数量的角度出发，用费米推定进行推算呢？还有人想绝大多数的电线杆都在道路上，所以可以从道路的长度入手进行费米推定。也有人从电线杆数与人口密度的关系这一角度出发进行费米推定。

比起找到稳妥的答案，费米推定不如说是**在尽可能想到多种方案的情况下，短时间内从中找到准确度高，并且计算简便的方法。其实也就是某种意义上的“比赛”。**

回过头来看，对于上司安排下来的工作，我们就可以通过费米推定计算出其 ROI。这样一来，我们就能判断出工作的优先顺序。**ROI 越高，说明这项工作的优先度越高。**而如果一项工作的 ROI 值较低的话，就最好向上司申请取消这项工作安排。

但若必须完成这项工作的话，就要尽可能地减少在这项工作上花费的时间和成本。

专栏 使用费米推定，上司可以在瞬间做出判断

在这里我要向大家讲述的是距今约 20 年前我在 RECRUIT 公司工作时，调职到广告制作分公司的一段经历。在与当时的上司进行交谈时，我也感受到了**费米推定的强大力量。**

当时这个分公司正大量招聘兼职。而有些其他部门的工作安排在逐渐减少，所以其中很多部门都取消了兼职。这就出现了在一些部门大量招聘兼职的同时，另外一些部门取消兼职的现象。从公司的整体视角出发，这是效率极其低下的体现。

我在这个分公司的总部工作时注意到了这个现象。但是在现场工作时，因为我只了解自己所在部门的情况，所以当时我并没有注意到这个现象。

面对这种效率低下的情况，我也曾思考过自己能做什么。最终我想出的方法就是，**只要把某个部门取消的兼职安排到需要招聘兼职的部门就好了。**

我认为这不管是对于公司还是对于兼职者而言都是有益处的。对于公司而言，可以降低录用成本，缩减教育支出。对于兼职者而言，可以在同一家公司继续工作下去，还可以省去了解新公司的时间。

但是，稍微想一下也能知道，不同工种的兼职所需求的工作技能是不尽相同的。而且多数情况下，不同的部门招聘兼职的时

机与取消兼职的时机也不是完全相同的。也就是说，剩下的问题在于能否将工作技能和招聘时机结合起来。

话虽如此，分公司在当时还是录用了大量的兼职人员。在考虑到录用成本和教育支出的同时，通过费米推定，可以推算出当时浪费了大量预算。

于是我对当时的上司，也就是分公司的董事长提出了如下方案：建立一个数据库，在数据库中登记好在职兼职人员的工作技能、经验、入职日期以及预定离职日期等信息，并实现在全公司内的共享，在各部门需要招聘新兼职的时候，就可以根据这个数据库进行确认，仅在无法找到合适兼职人员的情况下，招聘新的兼职人员。这样一来就可以减少录用成本和教育支出。

实际上，通过费米推定，公司每年也缩减了数百万日元的成本。所以当时我才胸有成竹地向上司提案。

当时上司答复如下：

很感谢你提出了这样一个优秀的方案。这个方法确实可以解决兼职招聘方面的问题。事实上，从去年的数据中也可以看出你的方案会为公司缩减数百万日元的成本。但是实际上，维护信息数据库需要的成本和劳力超乎想象。特别是如果要更新兼职人员的信息数据的话，每个月至少要多出一人份以上的成本支出（用费米推定推算出的结果）。这样一来每年就需要多花费数百万日元。特别是对在职兼职人员的信息进行数据库录入的部门并不是根据数据库信息得以削减录用成本的部门，**因此这个方法并不会提高前者的工作积极性。**最终结果就是产生了新的成本支出，原本预估的一切经济成果都无法实现。

不仅仅是这次的情况，很多时候解决完一个问题还会出现新的问题。这里的方案出现的新问题就是数据库的维护所花费的成本超乎想象。所以这个方案的可行性不高。

对于我的提案，上司仅用了几分钟进行费米推定之后，就得出了“PASS”的结论。上司的“**解决完一个问题还会出现新的问题，必须要考虑到解决问题所花费的成本**”这一话语和费米推定的强大力量给我留下了深刻印象。

销售额提高 5%，利润却能增加 35%？

那么，让我们返回主题。这次的题目是“能不能以现在的销售人员人数提高 5% 的销售额”。因为部门一个月的销售额是 1.05 亿日元，所以提高 5% 的销售额就是大约提高 500 万日元。这 500 万日元会带来怎样的成果（Return）呢？

销售额提高 5%，会使利润增长多少？我们可以用费米推定进行大致推算。

假设此次的商品的成本率是 30%，销售管理费率是 60%，销售利润率就是 100% − 30% − 60%，结果为 10%。上述销售部门的销售额约为 1 亿日元，所以可以计算出现在的销售利润为 1 亿日元 ×10%=1 000 万日元。

这里工作要求的前提是不增加销售人员人数，有的人认为在不增加销售人员人数的情况下能够顺利提高销售额，而有的人则认为是异想天开，从而双方争执不下。我们假设这里的销售管理费用不变。也就是说，在提高 500 万日元的销售额的情况下，因为成本率是 30%，所以成本为 500 万日元 ×30%=150 万日元。但是，在销售管理费用不变的情况下，销售利润就增加了 500 − 150=350 万日元。现在的销售利润为 1 000 万日元，在这次的工作安排下销售利润变为 1 000 万日元 +350 万日元 =1 350 万日元，从而可以推算出利润增加了 35% [（1 350÷1000） −100%]。

而销售管理费用不可能完全不变，所以假设这里的销售管理费用增加原来的一半，也就是在增加 30% 销售管理费用的情况下，我们再计算一次。

销售额增加 500 万日元的情况下，成本与刚才一样花费为 500 万日元 ×30%=150 万日元。这里的销售管理费用占销售额的 30%，所以销售管理费用增加 500×30%=150 万日元。最终利润增加 500 − 150 − 150=200 万日元。现在的销售利润为 1 000 万日元，在这次的工作安排下销售利润变为 1 000 万日元 +200 万日元 =1 200 万日元，从而可以推算出利润增加了 20% [（1 200÷1 000） − 100%]。

通过费米推定我们得知，如果**凭借部门现有的销售能力使销售额提高 5% ≈销售额提高 500 万日元的话，销售利润就有可能实现 20% 到 35% 的大幅增长。**从而可以判断出这次的工作安排极其重要。

但是有一点需要我们提前确认，那就是 ROI 的 I（时间和金钱）。即使这项工作的回报很高，但若是前期需要投入的时间和金钱成本过大的话，就毫无意义可言了。与此相对，在**前期需要投入的时间和金钱成本较少的情况下，回报越高，ROI 值就会越高。**请大家牢记这一点。

顾客数量不足、减少、重复，怎么办？

在前面我曾说到对工作进行“因数分解”，将其拆分为“可随身携带的行李大小”是十分重要的。在这里我们将与ROI的分子（Return）相对应的销售额进行因数分解，试着找到提高销售额的方法，从而想出具体的措施吧。我们先来了解一下对销售额进行“因数分解”时的要点。

销售额的基本计算公式为：**销售额＝单价（Price）× 数量（Quantity）**。也就是说我们要将销售额因数分解为两项内容。

在处理数量（Quantity）这项时必须要注意的是，“销售产品数”和“顾客数”这两个数量之间是有区别的。通过下面的例子，我们可以了解到“销售产品数”与“顾客数”之间的区别。

一家公司正在销售某商品A。

问题一：商品A在4月销售出10个，5月销售出10个，6月销售出20个，那么从4月到6月这三个月间的**销售产品数**是多少？

正确答案是，4~6月的销售产品数=10个+10个+20个=40个。这是相当简单的计算。

问题二：同样是商品 A，与这家公司进行交易的公司在 4 月有 10 家，5 月有 10 家，6 月有 20 家，那么从 4 月到 6 月这三个月间的交易**公司数**是多少呢？

与问题一一样，4~6 月的交易公司数 =10 家 +10 家 +20 家 =40 家。

直接计算的话，与这家公司进行交易的“总公司数”共计 40 家。

但是，商品 A 也有可能是**顾客会多次购买的商品。**具体来说，就是某公司在 4 月份购入了商品 A，下个月可能会再次购入商品 A。这样一来，这家公司就会在 4 月和 5 月的“交易公司数”的数据中同时出现。这家公司在计算实际的“交易公司数”时，就有可能会重复计算在 4 月份和 5 月份都出现的这家公司。这样我们就能明白仅凭现有的条件是无法回答出问题二的正确答案的。

接下来，**让我们按照交易公司数从大到小的顺序来回答问题二。**交易公司数最多的情况下，就是 4 月的 10 家、5 月的 10 家和 6 月的 20 家公司没有一家是重复的情况。也就是直接将 3 个月的交易公司数相加得到的 40 家这一结果。

那么交易公司数最少的情况下，会有多少家公司呢？因为 6 月份这家公司与 20 家公司进行了交易，所以交易公司数不可能比这个数字还小。那么交易公司数最少的情况就是 6

月份的这20家公司分别在4月份和5月份购入了商品A。因此，交易公司数最少的情况就是20家公司。换言之，从现在问题二给出的信息中，我们可以回答出的答案为“交易公司数在20家到40家之间”。

当我们考虑销售战略和战术的时候，根据目前的交易公司数是20家还是40家会有很大不同。比如在计算每家公司的交易额时，**因为与每家公司的平均交易额＝“销售额 ÷ 交易公司数”，所以交易公司数分别为20家和40家时，数值就会产生2倍的差距。**在考虑销售战术的时候，20家公司和40家公司的基础前提是不一样的。

也就是说在计算像问题一那样的销售产品数时，只需直接相加。但在计算顾客数量时，就需要对顾客数量的不足、减少、重复进行具体确认。

我之所以强调这件事，是因为我**希望大家不要过于依赖EXCEL这样的表格计算软件。**表格计算软件在进行数值合计时，即使是计算顾客数也只会像计算销售商品数时那样直接相加。我希望大家了解到这会给后续工作带来影响。

对销售额进行因数分解时，在注意到顾客数量计算的同时，为了将其拆分为“可随身携带的行李大小”，需要对构成销售额的全部内容进行因数分解。尤其是数字更容易进行因数分解。

如图9所显示的销售额＝单价（Price）× 数量（Quantity）

= 新销售额 + 重复销售额 = 新单价 × 新数量 + 重复单价 × 重复数量。越是进行分解，“行李”就会变得越小，在采取措施时也就会更容易想出具体方案。

销售额=单价(Price) × 数量(Quantity)

=新销售额+重复销售额

=新单价×新数量+重复单价×重复数量

=新单价×新销售量×接受订货率(CVR)

+重复单价×重复销售量×接受订货率(CVR)

CVR（Conversion Rate：实际购买销售产品的顾客比例）

图 9　对销售额进行因数分解

专栏 能做出成果的人，往往是从“结果”开始思考

从“能否做到在不增加销售人员的情况下，提高 5% 的销售额”这一案例中，我们可以学到许多关于“数据”的要点。在弄清楚“**自己所属的数据类型**”的同时，我们可以了解到**使用数据时需要注意的事项**，甚至还可以学到“Speed is Power”**的经典方法。**

我让听过我讲座的人看过表 1 后，对他们提出了一个问题，就是“能不能想出一个提高 5% 销售额的方法”，并根据他们的回答把他们分为了 4 种类型。

A. 马上就开始分析的类型

B. 先思考所给数据是否正确的类型

C. 先思考剧本（假设）的类型

D. 不知道怎么办的类型

你是哪一种呢?

很多 A 类型的人都认为自己比较擅长数据。看到数值和表格之后他们会立刻开始分析计算。马上就开始分析会给人一种工作进展很快的感觉。看起来这正是 Speed is Power 的体现，从这个角度考虑似乎并无不妥。

但是，这种做法真的没有问题吗？将A与B、C类型相比，A类型存在的问题就会显现出来。

B类型的人，最开始会先确认得到的数据是否正确。

下面是B类型的人会具体确认的要点。

数字的位数是否正确？通过表1的资料可以得知，所有部门每月的销售额在1 120万日元到3 900万日元之间。这些数字的位数是否正确？在RECRUIT中，很多情况下数据是以亿日元、万日元作为单位进行记录的。但一般情况下，是在千位、百万位加逗号的。也有实例记载，从其他公司跳槽来的职工看错了单位，从而弄错了数字位数的事。

在表1中，销售部门的月销售额以千万日元为单位，是否与实际的位数相符合呢？因此就要对其进行确认之后再进行分析。

说句题外话，比如在对日本职工平均年收入的数据进行分析时，如果收到的数据的单位是“千万日元”或者“十万日元”的话，就很容易把数字的位数搞混。顺便一提，日本职工的平均年收入为422万日元（2016年数据），也就是约等于400万日元。如果自己事先了解过这样的数据，那么在检查得到的数据的正确性时就会起到一定的辅助作用。

日本职工的平均年收入为422万日元，也就是每月的收入为30万～40万日元。据此，当得到的数据所显示的数值为100万日元以上或者10万日元左右的话，就能够检查出数据本身有问题，或者数据有特定的偏差。

或者，数值比例和具体数值是否互相矛盾？

数据来源是否准确？

首先要根据自己的经验和知识，确认好数据的准确性与真实性。像这样简单的事前检查至关重要。

B 类型的人十分清楚分析错误的数据就是在做无用功。对不确切的数据进行分析，就等于在浪费时间。而且如果根据这样的数据得出的分析结果进行判断的话，自然会导致巨大的错误。

因此，我在“关于数据的读法·想法”的讲座一开始就给出了建议。也就是**要养成在收到资料数据之后，首先对数据的正确性进行确认的习惯。**

尽管“首先对数据的正确性进行确认”是十分重要的，但仍有很多人未曾做到。希望大家以此为契机养成对数据的正确性进行确认的习惯。

我们像 B 类型的人一样对数据的正确性进行确认后，那么接下来我们要做什么呢？答案就在 C 类型之中。

与 A 类型不同，C 类型是在制成分析的“剧本”之后再进行工作的。(参考图 10)

“剧本”就是指假设，也就是现阶段能够得出的较为确切的回答。即使“剧本”中存在错误也没有关系。因为之后可以对其进行验证或者反证（用错误结论进行验证）。

我在进行某些工作时，**首先会设想出“最好的结果”，同时思考实现这个结果需要完成的具体工作内容。**每当想到优秀的

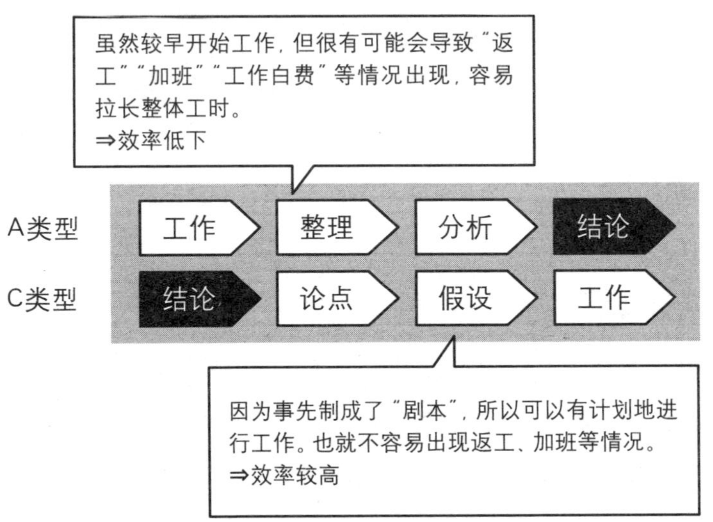

图 10 “直接开始工作”与“从结果思考”

剧本（假设）时，我都会无比欢欣雀跃。我甚至感觉我取得的大多数成果很大程度上都受到了我自己设想出的剧本（假设）的影响。

在图 10 中我对 A 类型和 C 类型的人的工作步骤进行了比较。我将 A 类型称为“直接开始工作”的类型，将 C 类型称为**“从结果思考”**的类型。

比较这两种类型我们可以发现，A 类型的人虽然较早开始工作，但很有可能会导致“返工”“加班”“工作白费”等情况的出现，所以很容易拉长整体工时（花费的时间），从而导致效率低下。

与此相对，C 类型的人因为事先制成了剧本，**所以可以按照**

制成的剧本有计划地进行工作，也就不容易出现返工、加班等情况。

如果是分析像表 1 一样简单的表格的话，可能 A 类型和 C 类型并没有什么差别。但如果是要分析稍微复杂的数据的情况下，这两种类型的差别就会立刻显现出来。

如果你是 D 类型的人，请继续读下去。而且请务必在“首先确认数据是否正确”的基础上，养成“思考剧本（假设）”的习惯。仅做到这两点，就可以提升工作的效率。关于制作剧本（假设）的方法，我会在下一节进行详细叙述。

高效完成工作的技巧 3——假设思考

通过比较，能发现大量的问题

在理解了使用数据时的前提，也就是在“因数分解”和“用费米推定对工作的 ROI 进行检验”的基础上，接下来我们要进行的就是“制作剧本（假设)”。剧本（假设）是指，对工作内容进行分析和结论总结的具体措施。

这里剧本的关键词为**“比较”**。因此，我们需要找出比较的对象。

那么接下来，让我们再次以“保持现在销售人员人数的同时提高 5% 的销售额”（表 1）为课题对“比较”进行思考吧。

首先请准备好白纸。接下来将想要比较的内容按照上下或是左右的顺序或是自己喜欢的顺序排列好写在纸上。在设想出几个主轴（分类）之后再写的话，就能够有效防止内容的不足、遗漏和重复。比如“公司内”“公司外和市场”“时间”等分类。还可以进一步细分。比如“公司内”，就可以与同单位的同事进行对比、对销售专员的年龄和阶层进行对比、对各个区域进行对比，还可以对各种商品和服务进行对比。在“公司外和市场”，就可以与市场的变化进行对比，还可以和同行业进行对比。关于“时间”，可以与去年的业绩进行对比，也可以与每月每周的销售额进行对比。**多个比较类别的存在是与一个优秀的剧本密切关联的。**

我将比较的例子总结为图 11 中的内容。能够想到的有：①部门间的比较（首都圈、关西地区、东海地区、其他地区）；②商品间的比较（商品 A、商品 B）；③商品销售方案的比较（基

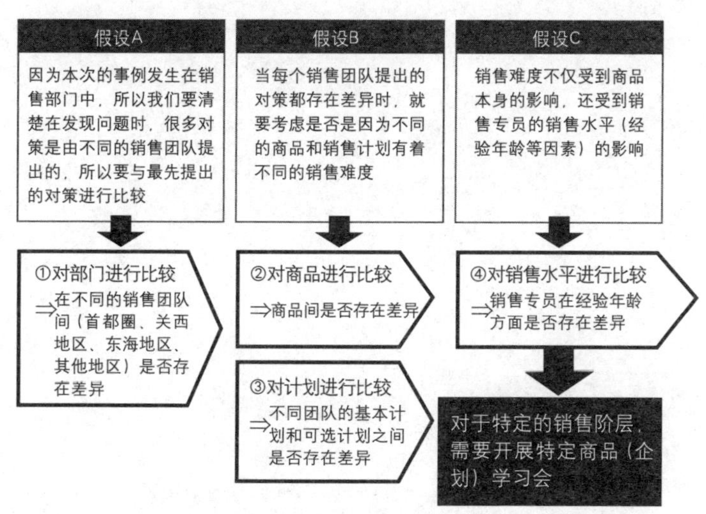

图 11　进行多种假设，从多个观点出发进行比较

本方案、可选方案）；④销售水平的比较（老手、新手）；⑤与去年相比的增长率；⑥市场份额的变化（今年 5 月和去年 5 月的市场份额）；等等。

若有⑤的数据，就能够检验出经过一年的时间部门内的销售额是否有所增长。若有⑥的数据，就能够与同行业的其他公司进行比较。这次我们就从数据较易可获得的①～④出发进行分析。

认真思考比较的目的是什么

在开始具体的工作之前，让我们先来想象一下最终行动。在这次的案例中，对 5 月份销售部门的业绩数据进行分析、考察，并对上司安排的“**以现在的销售人员人数提高 5% 的销售额**”**的工作任务提出具体的解决措施**，就是最终行动。

接下来让我们看一下数据。请大家再看一下前文的表 1。我们能发现什么？比如在表中的各个部门的名字旁边有🏴的符号。

这个符号在 RECRUIT 公司中，是达成目标的意思。也就是说除了东海地区以外，其他所有地区的部门都达成了目标。当时我的上司对于这一结果也感到很满意。因此，**在全体销售部门中，有很大的可能性存在着提高 5% 销售额的“发展空间”**。到这一步为止是很容易设想出来的。

那么在接下来的课题，也就是寻找发展空间的过程中，我们会发现**并不是全体销售部门都有发展空间，而是部分部门才有。**比如当特定的销售团队负责销售特定的商品类别时，就存在着发展空间（在这种特定商品的销量不好时）。

在这种情况下，要采取怎样的措施才有望提高销售额呢？从事过销售行业的人可能会说：“**为特定的销售团队举办学习会，从而提高其销售特定类别商品的销售水平。**”

举办学习会，我们需要掌握的具体信息是“教给谁”“教什么”以及“谁来教”。

作为学习会的受众，特定的销售团队是指哪个区域的什么样的人员呢？

特定的商品类别是指哪种商品？又是指什么样的商品销售方案呢？

作为讲解这两项内容的讲师，谁比较合适？

如果能够把握以上要点，就能够对学习会进行详细规划。

如果能够以上述内容为前提进行思考，就能够想出接下来的比较对象，也就是：①销售部门间的比较（首都圈、关西地区、东海地区、其他地区）；②商品间的比较（商品A、商品B）；③商品销售方案的比较（基本方案、可选方案）；④销售水平的比较（老手、新手）。

这样一来剧本就大致可以成立了。首先进行①销售部门间的比较（首都圈、关西地区、东海地区、其他地区）。在最终行动为开展“学习会”时，如果能够做到在每个区域都举办学习会的话，比较过程将更有效率。因此，首先要锁定哪个区域存在课题（发展空间）。

接下来，要进行②商品间的比较（商品A、商品B），检查出在商品A、B中是哪个商品存在问题。也和上述一样，在举办学习会提高销售水平的情况下，就可以确认出商品A和商品B的销售方案负责人谁更适合成为学习会的讲师。

根据③商品销售方案的比较来锁定存在问题的商品，就可以弄清需要加强销售专员怎样的销售技巧。在这里的课题中将销售方案分为基本方案和可选方案是因为根据基础商品和附加商品的销售情况不同，所采取的对策也是不同的。如果问题出在基本销售方案上，那可能所有商品都存在这个问题。换言之，对于解决课题而言，不只是销售部门间的比较，对于商品销售方案的比较也必不可少。

如果基本销售方案的商品畅销，但是可选方案的商品滞销的话说明了什么？在这种情况下，仅靠基本销售方案的商品就能满足顾客的需求，因此可能有人会认为“可选方案的商品没有吸引力”。与此同时，也可能是因为销售人员的高端销售水平（销售高等级的产品、服务）有限，所以难以让顾客追加购买可选方案的商品。因此在这种情况下，就要同时考虑到商品和销售人员双方都存在问题的情况。

最后通过进行④销售水平的比较（老手、新手），来分析问题是否在于销售人员的经验不同。在这里，我们将销售人员分为老手（在职销售经验较长）和新手（在职销售经验较短），并对两者进行比较。当这两者的销售业绩差异不大时，就能推断出问题在于商品。而当两者的销售业绩存在差异时，若是新手业绩不好的情况，就需要举办面向新手的学习会，从而提高其对于可选方案商品的销售技巧。反之，若是老手业绩不好的情况，就可以了解到老手对于自己负责的可选方案的商品销售方面存在问题。

按照①销售部门→②商品→③商品方案→④销售水平的顺序对各部门进行比较分析就可以弄清在各部门中是否存在“发展空间”。

因为这里的课题是销售部门内部的事情，所以是①→②→③→④的顺序。如果同样的课题是在商品规划部门内进行分析的话，比较合适的比较顺序就是②商品→③商品方案→①销售部门→④销售经验。**这是因为，优先对本部门内容易掌握的因素进行对比比较好。**在商品规划部门，是比较容易对商品或者商品销售方案进行改善的。因此在分析时，也要从与商品相关联的角度出发对比较项目进行排序。

当然，如果商品本身没有问题的话，剩下的就是特定的销售渠道的问题。关于这一点我将在后半部分对销售部门进行分析时介绍。

如何收集必要的数据

到这一步我们就已经做好了进行分析所需要的剧本。但是，仍然不能立刻开始工作。我们还需要思考有哪些必要的数据以及怎样收集这些数据。

在这次的课题中，虽然需要将销售人员按照经验、年龄等因素严格地分为老手和新手，但是在实际生活中，并不存在对老手和新手进行严格划分的定义。在这种情况下，比较好的做法是在收集到销售人员的销售经验及工作年月的数据之后，按照销售经验从长到短的顺序对其进行排列并制作成表。接着以表格正中间的数据为基准，把位于其上下的人分别分为老手和新手。这也不失为一种方法。

但是很多情况下我们难以得到关于销售人员的销售经验的数据。因为员工入职和离职的数据是由人事部门管理的，因此在工作现场无法立刻得到相关数据。实际上，虽然人们在呼吁运用“HR 技术”（在工作现场就可以查看公司员工信息），但是不少公司并没有提供必要的数据。

在这种情况下，就只好**按照销售业绩对销售人员的顺序进行排列，以正中间的销售业绩为基准，把位于其上下的人分别分为老手和新手两部分来“代替”无法得到的数据。**但这并不是真正意义上的老手和新手，不过是暂且将销售业绩好的销售人员当作老手而已。实际上在排名靠前的人中，老手和新手的销售业绩总和基本上是相同的。

但在对比时不管是通过经验、年龄，还是通过销售业绩，若进行对比的两者间的人数和销售业绩之间的差距过大，就失去了分析的意义。所以就让我们以图 12 为参考，以销售业绩为基础将销售人员分为老手和新手继续进行分析吧。

区域	人数	平均销售额	商品 A 平均销售额	商品 B 平均销售额
首都圈	10 人	380	215	165
关西	6 人	280	190	90
东海地区	4 人	280	175	105
其他地区	15 人	260	190	70
全国	35 人	300	195	105

\ 这里的顺序要注意 /

STEP1 假设

STEP2 收集数据

			每个销售人员的销售业绩					
		人数	商品 A 销售额总计	基本方案	可选方案	商品 B 销售额总计	基本方案	可选方案
首都圈	老手	5 人	260	160	100	200	150	50
	新手	5 人	170	120	50	130	100	30
关西	老手	2 人	230	150	80	150	100	50
	新手	4 人	170	120	50	60	50	10
东海地区	老手	2 人	200	120	80	140	100	40
	新手	2 人	150	100	50	70	60	10
其他地区	老手	5 人	230	150	80	110	80	30
	新手	10 人	170	120	50	50	40	10

（单位：万日元）

图 12　收集必要数据进行分析

如何清晰地呈现数据

接下来，我将向大家介绍如何有效地利用图表向上司进行说明。如果上司擅长通过数据进行思考，看到原始数据就能理解数据内容的话，就无须利用图表进行说明。但是，现实中这样的人很少，所以仍需制作简单易懂的图表向上司进行说明。

请看图 13。这个图是①销售部门间的比较的图。比较主

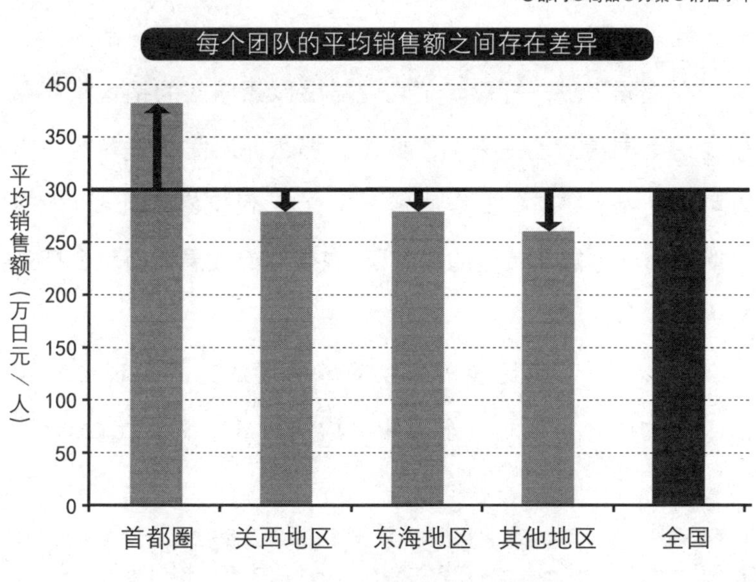

图 13 强调自己想要传达的内容

轴是每个销售人员的平均销售业绩。[1]

在面对并非擅长运用数据进行思考的上司时，为了准确有效地传达出自己想表达的内容，要点有 3 个。

第一点，就是在最开始的**标题处写清楚自己最想传达的内容。**在这次的课题中，需要写清的内容是“每个团队的平均销售额之间存在差异”。这样一来你就可以通过这个图来明确你想要传达的内容。如果标题部分用“每个团队的平均销售额”来表示，即使是相同的图，但因为少了后面的“存在差异”的提示，上司就难以理解你想传达的内容。这就有可能导致上司会误解你想要传达的内容。而想要改变别人已经形成的想法是十分困难的。

另一方面，在图的开头加上“每个团队的平均销售额之间存在差异”这一标题，上司就能够以团队间的销售额存在差异这个事实为前提来浏览此图。那么你所需要解释的内容就可以集中于“有多少差异？”这一点。**仅仅将标题从一般的说明改为“你想要传达的内容”，在传达的效果方面就会产生巨大的差异。**

第二点是“**将比较对象以简单易懂的方式表现出来**”。这个图的比较对象是“全国的平均销售额（横轴最右侧）”。

1. 平均值对于粗略地掌握总体情况而言是有所帮助的。但是实际上平均值也存在着不足之处。关于这一点我将在第 2 章的“平均值与方差”中进行说明。在这里为了简化课题的复杂性，所以我使用了平均值。

比较的具体方法就是，在表示全国平均销售额的柱形图上方画一条线，以这条线为基准对各地区的销售额与全国的平均销售额进行比较。这样上司就容易理解你想要进行对比的对象。

第三点是**将自己想要展示的内容细致化。**在第二点中，已经在表示全国平均销售额的柱形图上方画了一条线。接下来用箭头符号表示出各地区的销售额与全国平均销售额之间的差异，从而达到**强调差异**的目的。

通过第二点和第三点，自己最想传达的“每个团队的平均销售额之间存在差异”这件事就能以简单易懂的方式让上司理解。

请看图 14。这是将原版的图 13 中的一部分进行改良后得到的图。这两个图具体的区别就是图 14 将横纵轴交点处的 0 改为了 250。这样一来，**各地区的销售额与全国的平均销售额之间的差异进一步得到强调，从而更容易理解。**

但是，这种方法终究只是在你想要对某些内容进行强调时使用的。如果在差距并没有很大的情况下，为了凸显出某些差异而故意使用这种方法无异于本末倒置。在对上司进行说明时是不能采用类似于这样欺骗的方法的。

我特意写出这一点是因为有些时候表格计算软件会根据自动设定的程序制作出这样强调差异的图表。明明实际上差异很小，但是上司在看到这样的图表之后，会误解为差异

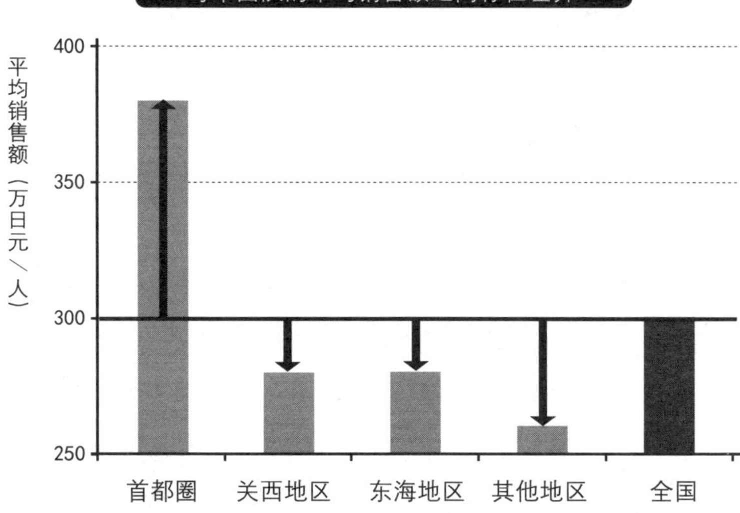

图 14　强调各地区与全国平均销售额之间的差异

很大。

这就是图表展示方法的不同带给他人的错觉。即使想让对方更容易理解自己所说的内容，**但如果数据的差异不大，最好放弃改变横纵轴交点数字进行强调的方法。**

通过下面的图 15，让我们来确认一下“每个团队的平均销售额之间存在差异”的原因是在于商品 A 还是在于商品 B。

和图 14 一样，我们用每个地区平均销售额的对比来表示各部门在商品 A、B 上销售额的差异，并在图的上方将想要传达的内容以标题的形式表现出来。通过图 15，我们了解到

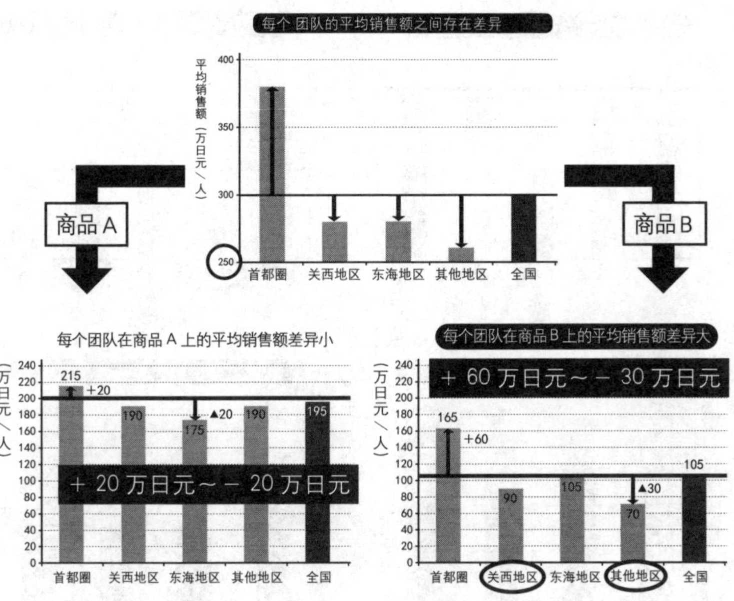

图 15　从商品中看销售差异的原因

每个团队在商品 A 上的平均销售额差异小，每个团队在商品 B 上的平均销售额差异大。

为了突出差异，我将卖出商品 B 最多的部门和最少的部门之间的平均销售额的差值以“**+ 60 万日元～－30 万日元**”的形式进行强调。这样一来，大家就可以了解到每个团队间的平均销售额产生差异的原因就在于商品 B 上的销售额差异。

图 16 则记录了在基本方案和可选方案中哪个是导致平均

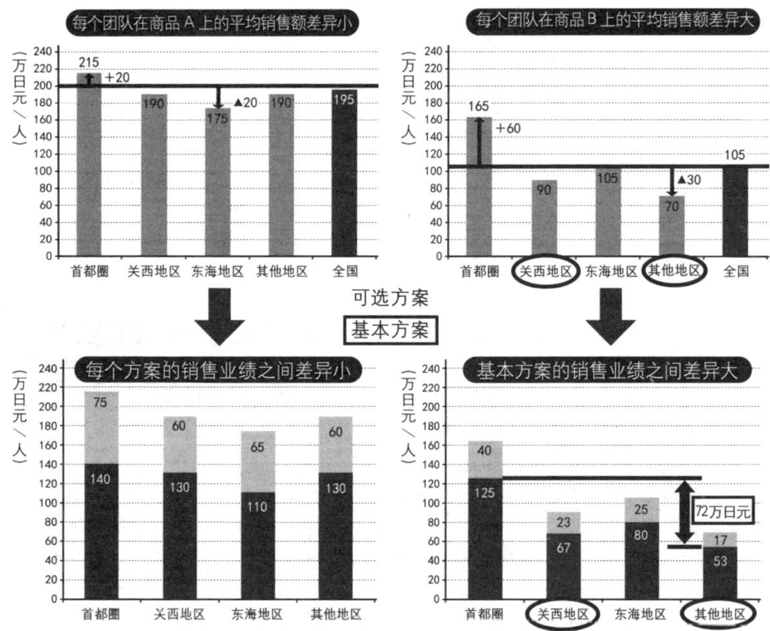

图 16　团队的平均销售额之间存在差异的原因

销售额出现差异的原因。为了防止计算出现误差，所以将图15中已经确认过没有问题的商品A也作为比较对象进行比较。根据图15，我们就可以了解到商品B的销售额出现差异的原因在于基本方案。

在接下来的图17中，分析了老手和新手在商品B上的平均销售业绩的差异。同样也对想要传达的内容进行了强调。通过这个图可以发现，在商品B上的平均销售业绩出现差异的原因不在于老手和新手本身，**而在于关西和其他地区的商**

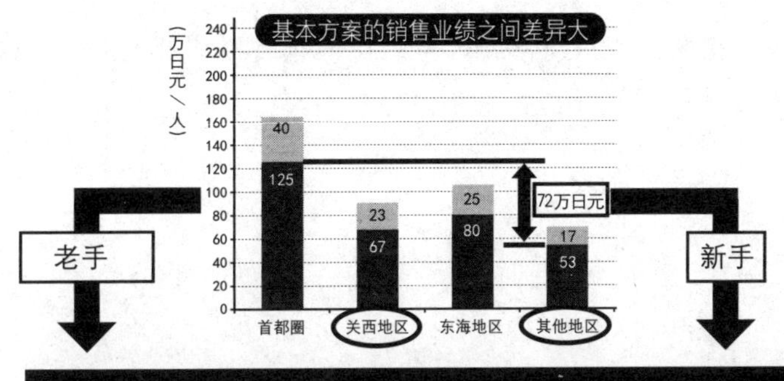

在关西和其他地区，不管是老手还是新手，其基本方案的平均销售业绩都比首都圈低50万日元以上

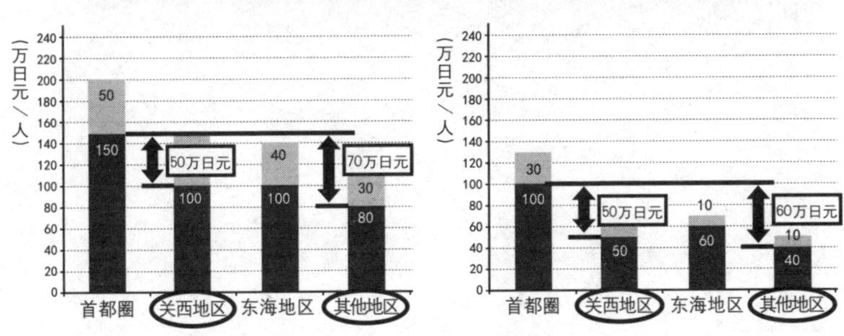

图 17　综合分析销售额出现差异的原因

品 B 的基本销售方案中，所达成的人均销售额较低。

分析进行到这一步就已经十分完善了。正如当初的假设，面对关西和其他地区销售不景气的问题，可以向上司提案举办关于商品 B 的基础知识和促销要点的学习会。

但是，若是问题出现在商品方面，那就不仅仅是销售方面的问题，也有可能是商品规划方面存在问题。这种情况下，将此数据分析出示给商品规划部门的话，就容易获得他们的协助。最终，也就容易邀请商品规划负责人担任学习会的讲师。

越早开始行动，对你越有利

在收到上司委托的第二天，或者两三天后能够将上述的分析结果报告给上司的话，想必上司会感到相当满意。

在这次的分析过程中，花费时间较多的是剧本的制成和区分新手老手数据的获得。虽然当时并没有得到关于基本方案和可选方案的数据，但是一般情况下在接受订单委托时会对其有所记载，所以能比较容易地获得其相关数据。这样一来，在接受委托的两三天后将分析结果报告给上司的可信度也就会大大提升。

一般来说**工作成果是由“QCD”来进行评价的。**Q是指成果的品质，也就是 Quality。C 是指投入的资金和时间等成本，也就是 Cost。D 是指交付日期，也就是 Delivery。第二天，或者两三天后报告结果的这种期限越短，也就意味着交付的时间越早。**早早提交工作成果会使人感动。**这也就是 Speed is Power。

与之相对，如果交付日期晚的情况，比如，若这次的案例结果分析是在 1 周后，或者 2 周后进行报告的话会怎样？上司就会认为你准备了这么长时间，所以肯定做出了内容相当丰富的报告而过于期待，也就是期待值会随之上升。大家都是尽可能地想要避免自己的报告成果与上司的“期待值”产生较大差距的。

那么怎样做才能避免出现这样的差距呢？答案其实很简单。工作成果交付晚的大多数理由，实际上并不是在工作上花费了多少时间，而仅仅是因为工作开始得较晚而已。所以较早开始分析，较早提交成果，就会避免与上司的“期待值”之间产生较大的差距。

因此，早早提交工作成果会使人感动。

工作前的 3 个必要准备

在开始着手工作之前，需要进行 3 个准备。

第一是确认上司下达的工作安排是否具有完成的价值。第二是整体剧本的制成，也就是**发现特定商品和销售方面的问题点，并通过开展与其相关的学习会，实现保持现在销售人数的同时提高 5% 销售额的目标。**第三是确认为了制成这个剧本所需要的数据以及步骤等程序。通过这些准备，我们就可以计算出完成整体工作安排需要的工作量。

如果习惯了这些准备工作，那么你可能在数小时，甚至一两个小时内就能完成。当上司委托给你一项工作之后，你在一两个小时内就能将上述成果汇报给上司，上司就肯定会认为你是一个相当能干的员工，有着很高的工作效率。

让上司认为自己能干的要点也有 3 个。

第一点是，如果能在事前的准备阶段就进行成果汇报的话，就会让人觉得你工作效率很高。

第二点是，消除上司的不安心理。给你下达一个任务之后，**上司比较担心的是你什么时候能够进行汇报。**换言之，在这个准备阶段如果你能基于中间报告和工作量告诉上司你的方案的具体提交日期，上司也就能放心等待了。这也是让别人觉得“你有较强工作能力”的要点。

第三点是，在这个准备阶段，如果你所考虑的工作方向与上司的想法存在差异的话，可以提前进行修改。

这样一来，你就可以省去做无用功的时间。上司也不需要再去浏览无用的方案。可谓是“双赢”。但如果你在做了大量的准备工作之后才发现自己做了无用功的话，不仅你倒霉，对于等待方案的上司而言也是不幸的。而提前修改自己与上司的想法存在差异的地方就能避免出现这种情况。

想必读到这里，大家已经对“因数分解”“ROI 思考”和“假设思考”有了一定的理解。根据本章的内容进行实践，大家就能够运用数据充分地进行思考。下一章及之后的章节为实践应用篇。通过实践练习，相信大家能够更加得心应手地运用数据。

第 2 章

深挖数据，
能发现不可思议的“决策秘钥”

- 深度品读数据的技巧 1——平均值与方差
- 深度品读数据的技巧 2——增加想象力，正态分布与帕累托定律
- 深度品读数据的技巧 3——增加选项与最优解

我在学生时代，因为年轻，所以经常认为“不管什么事情都能用数据弄明白”。这可能是当时年轻的理科生们常有的想法。

面对这样的我们，当时教授如此告诫道：

“这个世上有两种糊涂人：一种是‘认为不管什么事情都能用数据弄懂的糊涂人’，一种是‘认为用数据什么也弄不懂的糊涂人’。你们不能成为这两种人。”

起初我并不是很懂这句话的意思。但在我问过教授之后，我明白了教授想要传达给我们的思想。也就是如果要用数据表现某物的时候，要将其“典型化”。在某种意义上，“典型化”就是**将事物理想化，或者是将事物单纯化。**

但实际上我们使用数据时，其统计对象并不是理想化的事物，也不是单纯化的事物，而是事实上存在的事物。换言之，“典型”和“事实”之间是存在差异的。因此，“认为不管什么事情都能够凭借数据构成的理想化、单纯化的典型案例弄明白”这一想法是不正确的。

但是，**如果能够运用数据正确地做出典型案例的话，是可以掌握事物七成左右的真实情况的。**所以，“认为用数据什么也弄不明白”的想法也是不正确的。通过教授的话，我明白了**要以做出完美的典型案例为前提而努力的同时，仍应对其存疑并持续发**

问、思考。这并不是能够轻易实现的。

而对事物剩下的三成真实情况的了解与把握，就要靠经验和知识补足。这种不能通过数据表现出来的，就叫作“**定性信息**”。

在我理解了教授的话之后，我也在商务场合中观察过各式各样的人。发现教授所说的“认为不管什么事情都能用数据弄懂的糊涂人”和“认为用数据什么也弄不懂的糊涂人”出乎意料的多。

而且，他们都无法好好地经营自己的事业。

如果能够正确运用数据的话，就能够掌握事物七成左右的真实情况。而剩下的三成可以通过定性信息进行补足。我希望大家牢记这一点。

大家也一定不要成为“认为不管什么事情都能用数据弄懂的糊涂人”和“认为用数据什么也弄不懂的糊涂人”。

在第 2 章中，我将为大家介绍读懂隐藏在数据之中的“深意”所需的要点。也就是“平均值与方差”“想象力”以及“增加选项与最优解”(参考图 18)。

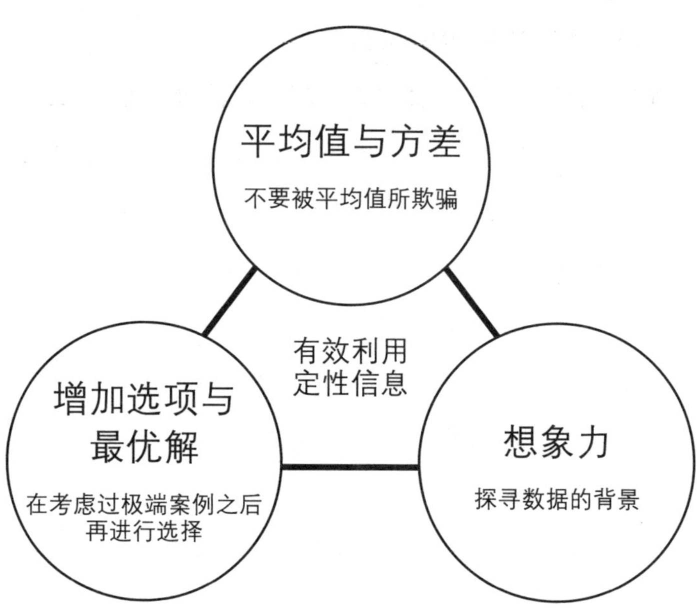

图 18　在第 2 章中进行讲解的 3 个观点

深度品读数据的技巧 1——平均值与方差

为什么平均值会让决策失误

一般来说，在日本采用数据的时候很多情况下是使用“平均值”来进行分析的。我也曾浏览过许多以平均值为基础进行分析的数据报告。但是，在使用平均值的时候，有必须要注意的地方。

请看图 19。这是在前一章的案例中，问题较少（平均销售额高于全国）的首都圈部门的详细数据。

首都圈 5 月的月平均销售额为 380 万日元。这个平均值，大致可以分为两种情况。在图 19 右侧的图中，我们可以看到首都圈的销售人员各自的销售额集中在平均值 380 万日元左右。也就是月销售额集中在 300 万日元到 400 万日元。这种情况下，可以说 380 万日元的这个平均值代表了部门整体的销售情况。

与此相对，图 19 左侧的图是怎样的呢？与平均销售额的 380 万日元相比，4 人的月销售额处于 100 万日元到 150 万日元之间。而 6 人的月销售额处于 450 万日元到 500 万日元之间。而且在这两组中没有一个人的月销售额符合 380 万日元的平均值。也就是说，虽然 380 万日元这个数值作为平均值毫无问题，但是并不存在月销售额为 380 万日元的销售人员。理所当然，这个 380 万日元的平均值也就无法代表首都圈的销售人员的销售情况了。

我们也无法通过“处于平均值的销售人员”的销售情况来进

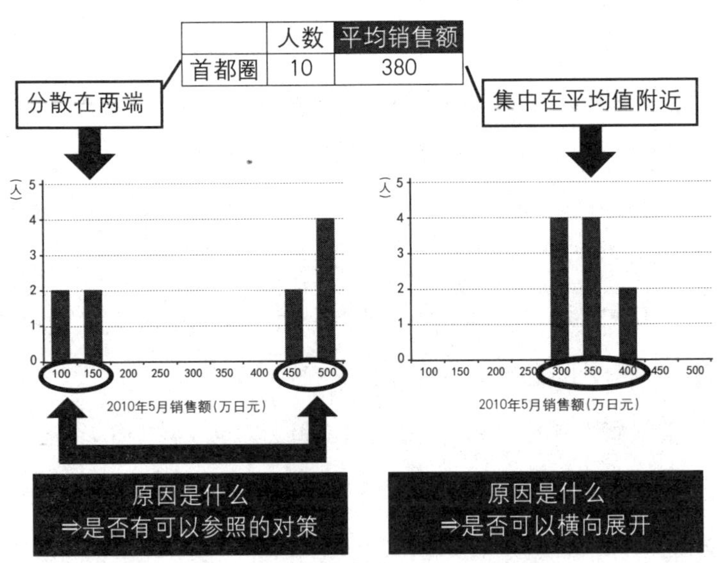

图 19　即使平均值相同，方差也有可能不同

行数据分析，因为这样的人并不存在。比如，以“居住在市中心的 20 岁左右各方面都处于平均值的女性”为商品销售目标讨论销售对策是毫无意义的，因为这样的人是不存在的。

请看下面的例子。在过去，有一个研究计划是设计出对于战斗机飞行员而言，最合适的靠椅和最合适的操纵杆。计划内容包括靠椅的大小、高度，操纵杆的大小以及仪器与操纵杆之间的距离等。为此，研究人员收集了大量飞行员的数据并进行了分析。

最终，研究者从所有数据中选择出最合适（平均值）的数据，并以这些数据的平均值为基础，决定出靠椅的大小、座位的高度、操纵杆的大小、仪器与操纵杆之间的距离等。

但令人出乎意料的是，按照上面的数据实施计划之后，来自飞行员的不满的声音却越来越多。仅仅是飞行员感到不满也就罢了，但若是战斗机和敌机进行战斗时战败并被击落的话可就是大问题了。为什么会出现这样的问题呢？

原因其实非常简单。在这个计划中，是以飞行员的身体数据的平均值来作为设计指标的，但是，在全体飞行员中仅有少数的飞行员的身体数据与平均值接近。对于大多数的飞行员而言，他们感到的是“椅子的位置不太对”“仪器到操纵杆之间的距离不太对”。在这样的状态下驾驶战斗机，自然是无法获胜的。

不久前，一名当红演员对 A 公司生产的耳机发表了不满的言论。据说这个耳机的大小参考了全世界共通的平均数值，但是在他身上，右耳机总是会出现掉落的情况。这也证明了“平均值并非完美无缺”。

通过数值的分散情况（方差）对事物的平均值进行确认，可以更清楚地看到事物的真实情况。也请大家养成看完平均值之后，再用方差进行确认的习惯。

深度品读数据的技巧 2——增加想象力，正态分布与帕累托定律

为什么正态分布可能是一种假象

平均值的作用如图 20 所示，能使分散的数据以平均值为中心左右对称，也就是所谓的“正态分布”。

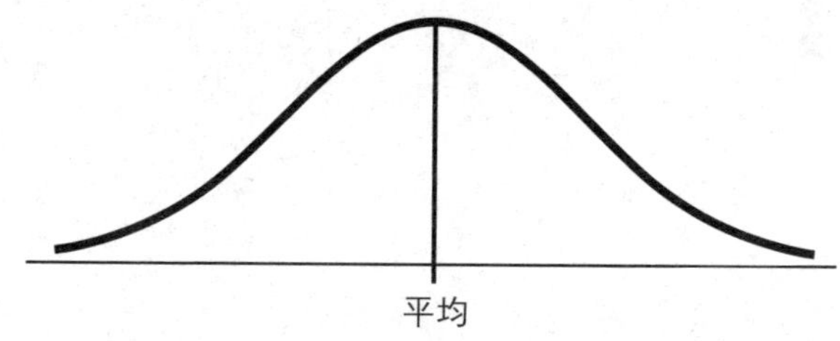

图 20　正态分布

但是，这些组成平均值的数值不一定都会呈现出左右对称的正态分布。比如在图 21 中的顾客交易额的方差数据和平均值数

据。图 21 显示，排在前 20% 的顾客的销售额占据了总体销售额的 80%。这就是“帕累托定律”。

进一步对不同顾客带来的销售利益进行比较，我们可以发现在图 21 下方的图中，交易额排名前 20% 的顾客带来了总体利益的 120%，而在交易额排在后 80% 的顾客中，很多销售利益为赤字。

交易额排名前20%的顾客占据了总体交易额的80%
100%
80%
60%
40%
20%
0%
总体销售额份额的80%
平均销售额
1 3 5 7 9 11 13 15 17 19 21 23 25 27 29
排名前20%的顾客
销售额
销售额累计占有率
交易额排名前20%的顾客带来了总体利益的120%
1000
800
600
400
200
0
-200
120%
100%
80%
60%
40%
20%
0%
-20%
总体利益的120%
1 3 5 7 9 11 13 15 17 19 21 23 25 27 29
排名前20%的顾客
利益
利益累计占有率

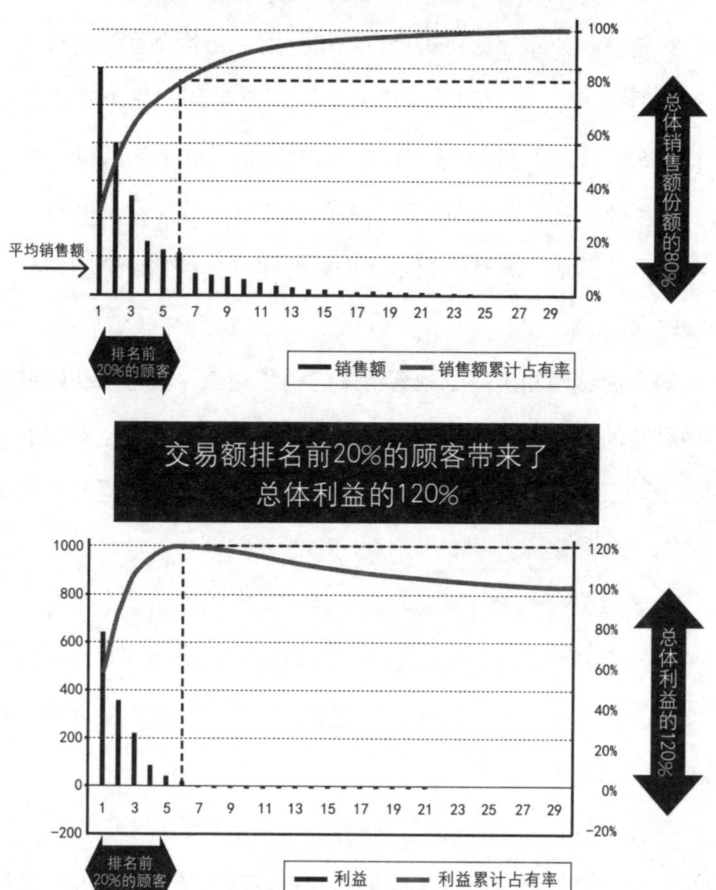

图 21 “帕累托定律”分析

如何避免“销售额提高了，利润却没有增长”

大家所在公司的部门是否对每位顾客带来的销售利益有所掌握呢？销售利益的计算公式为：销售利益 = 每位顾客的消费额 − 在每位顾客身上花费的成本价 − 在每位顾客身上花费的摊派费用。我相信大家所在的部门都对每位顾客的消费额有着准确的把握。很多公司是直接用每位顾客的消费额减去成本价从而算出大概利益的。但很少会有公司扣除摊派费用（直接越过部门和产品出现的费用）。

如果能够预测出每位顾客带来的销售利益，就可以在研究对不同顾客的销售战术时得到启发。比如，虽然某些特定顾客群体的消费额很高，但是在销售和员工服务方面花费了大量的时间金钱成本，所以实际上利润小，利润率低下。

或者说更进一步，在面对公司特定的大主顾时，除了要对其相关事宜格外留心外，还要给予其高额折扣，最终就有可能出现赤字。如此便失去了对其优待的理由。这种事情是在只注重销售额的部门中经常发生的。

与此同时，即使获得了新的客源，在最初的收益也很少，甚至也可能会产生赤字。这是因为**对现有顾客的销售效率是对新顾客销售效率的 3 倍左右，因此每次与现有顾客的交易额也高出与新顾客交易额的 3 倍左右。**

最终可以计算出，与现有的大主顾相比，新顾客或者小额顾客的销售效率就会比其低 3 × 3 = 9 倍。从这个角度看，公司在新顾客和小额顾客身上出现亏损也就不足为奇了。

对销售利益的数据进行分析时，在产生赤字的情况下，要考虑到**有可能是因为过度的折扣和过度的工作量**导致的。在面对特定的顾客时，即使无法了解到从其身上获得的销售利益，但如果能够向上面一样运用数据进行分析的话，就可以对其销售利益进行猜测验证。这会提高你运用数据进行分析的水平。

我在前面提到的“平均值与方差”的内容，就是其具体体现。

让我们继续对前面销售部门的平均销售额进行分析。首都圈 5 月份的平均销售额为 380 万日元。这个平均值是固定的，但是可能存在 2 种情况，也就是图 19 中的两个图的情况。在左侧图中部门各人员的销售额分散在平均值两端，而在右侧图中平均值就能代表部门各人员的销售额。在左侧图，也就是销售人员间的销售业绩存在巨大差异的情况下，如果能将高销售额团队的销售技巧教给低销售额团队的话，就可以进一步提高公司整体的销售额。

与其相对，在右侧图中的销售人员的销售额接近平均值的情况，**除了销售经验和销售技巧的因素之外，还有可能是这个商品销路较好。**

由此就可以对该商品的规划部门所采取的措施、使用的方法和销售体制进行确认，从而应用于其他商品的销售之中。这就是以数据为基础对事实“进行假设想象”的一个实例。

除此之外，如果你在平时的工作中看到或听到某事后，感到其与自己所了解的数据之间有违和感的话，**请一定重视这份违和感，并充分发挥想象力，对其进行确认。**这是通过使用定性数据（自己的知识经验）提高分析水平的要点之一。

深度品读数据的技巧 3——增加选项与最优解

提高决策能力的两种关键思路

在应用篇的最后，我将为大家介绍提高剧本（设想）水准的技巧。怎样做才能制作出优秀的剧本呢？

请看图 22。我们将制作剧本的步骤进行因数分解，就可以得到两个步骤：**①想出多种选项**；**②决定出一个合适的选项**。实际上，不管是在剧本的制作上，还是规划的设计上，抑或是在销售方法方面，这两个步骤都有着重要的参考意义，可以应用于各类工作中。

反过来说，不能制作出优秀剧本，也就是工作水平不强的人有可能是因为没有掌握好这两个步骤。

比如，只能想出一种剧本并执着于这一种剧本的人与根据上

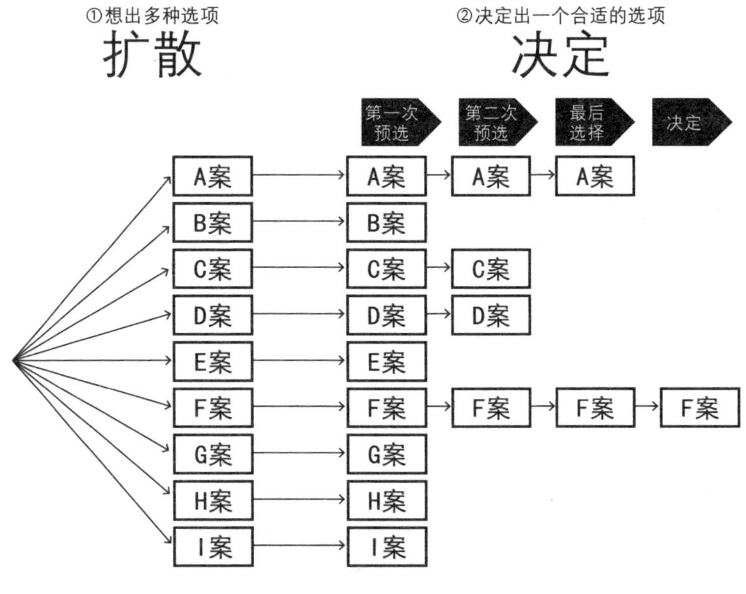

图 22　制作出优秀剧本的两个步骤

述两个步骤制作剧本的人相比，他们剧本的质量肯定是远远不足的。

需要注意的是，这两个步骤体现出来的思维方式是不一样的。在“①想出多种选项”这个步骤中使用的是“**扩散**”的思维方式。

在这个步骤中，我特别制作了如图 23 中的极端选项。**在想出极端选项之后，要尽可能地找出中间选项。**

即使想要找到多种选项，但在不知不觉间大家会很容易以限制条件为前提进行考虑。所以对于需要“扩散”的步骤①而言，

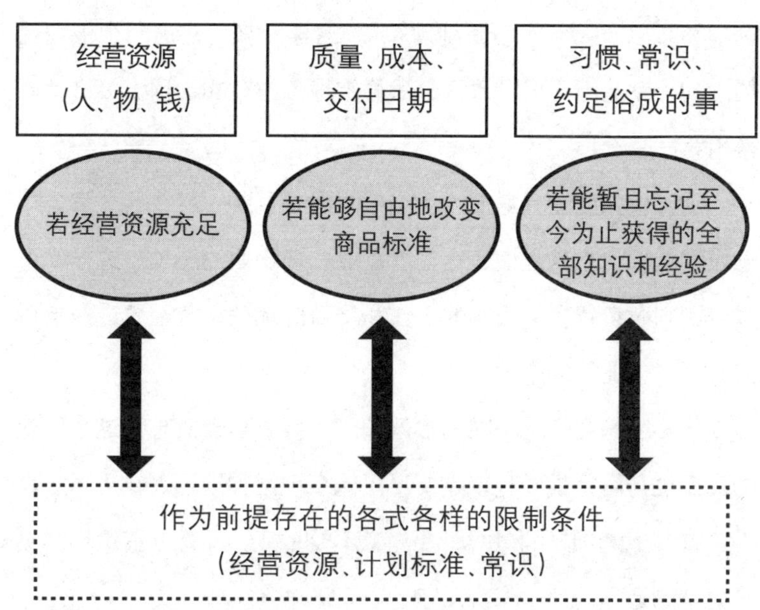

图 23　极端的选项

如何避免陷入这样的限制条件中是重中之重。限制条件是指，“人”“物”“钱”等经营资源和“质量”“成本”“交付日期”等计划和工作方面的典型限制条件。“因为预算不够、因为赶不上交付日期、因为人手不够”等限制条件会缩小选项的范围。

同时，自己阅读过的书籍的内容、自己的经历以及自己的所见所闻也会对选项的获得产生影响。**是否能够暂且排除这些限制条件进而考虑选项是重中之重。**

比如请试着想象一下在你想要“改行”时，你会如何增加行业的选项。其中一个极端的选项为最终不改行，而另一个极端的选项为“以此为契机不断地改行”。这样一来，在这两个极端选项之间，就会浮现出“改行之后稳定地工作”的选项。最终就能得出第三个选项。

从其他角度进行考虑，还能够想出是否要一直在同一家公司工作的选项，也就是说还存在着副业和多职业的选项。这样就可以得到同时负责多家公司的工作和项目的选项。甚至更进一步可以得到“创业”的选项。

这一步的要点就是在增加选项的时候，**要暂时忘记这个选项的真实性与可行性**，也就是要尽可能多地增加选项。在思考“是否还有其他选项”的时候，要注意不要重复，而是要继续增加更多更好的选项。

在思考出充足的选项之后，下一步就是将决定出一个最佳选项。在这个步骤中需要“决定分析”的技巧，也就是“**集中**”的思维方式。这里的决定分析，就是在经过一次预选、二次预选和最终选择后得出最佳选项的方法。

这一步我用图 24 进行说明。这里以一家店铺在开设新分店时的 A、B、C、D 四个候选分店场地为例。

首先，我们要对选项内容进行确认。这里有 4 个选项，也就是 A、B、C、D 四个候选分店场地。

接下来为了从这 4 个选项中选出 1 个最佳选项，我们需要对这家店铺开设分店的“标准”进行确认。所谓标准，就是决定选项的条件。这个标准，一般来说存在多个。

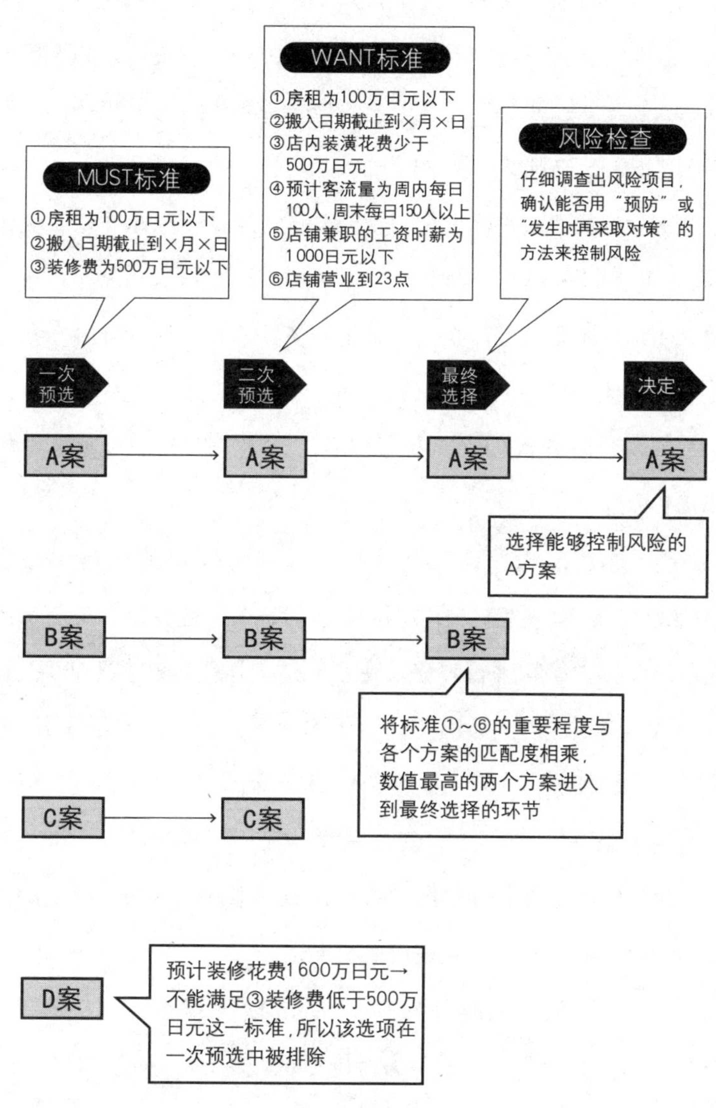

图 24　分析选择最合适的分店场地

比如：①房租为 100 万日元以下；②搬入日期截止到 × 月 × 日；③店内装潢花费少于 500 万日元；④预计客流量为周内每日 100 人，周末每日 150 人以上；⑤店铺兼职的工资时薪为 1 000 日元以下；⑥店铺营业到 23 点；等等。

接下来，把这些标准用一次预选的“MUST”标准和二次预选的“WANT”标准分为两类。

MUST 标准是指，必须要满足的条件。在上述标准中，我们将①房租为 100 万日元以下和②搬入日期截止到 × 月 × 日，以及③店内装潢花费少于 500 万日元，这 3 点作为一次预选中的 MUST 标准。

而在 A、B、C、D 四个选项中，因为 D 目前只是毛坯房(内部装修及其他装修工作由房东负责)，所以店铺自身还要负担店内装潢、空调和水管装修等费用。这大概需要花费 1 600 万日元，不能满足③店内装潢花费少于 500 万日元这一 MUST 条件。所以在一次预选中，就可以将选项 D 排除。

接下来是二次预选。在这里我们使用“WANT”标准。这次，**我们要决定①到⑥的所有标准的先后顺序，并按照先后顺序分别给每个标准一个重要程度的分数。**

比如说，对于招揽客人最为重要的标准④为 10 分；重要性次之的标准⑤为 8 分；因为房租价格越低越好，所以标准①为 6 分；因为希望尽早开店，所以标准②为 4 分。剩下的两项因为重要程度比较低，所以标准③和标准⑥为 2 分。

对于通过了一次预选的 3 个方案，分别根据其与标准①到⑥的匹配度进行打分。

比如说，在④招揽客人方面，如果是 A>B>C 的顺序，可以假设分别给三者 10 分、8 分、6 分。接下来，将这个标准的重要程度分数与所打分数相乘，分别算出各个方案的得分。例如，在标准④中，A 方案的得分是 10 分 ×10 分 =100 分；B 方案的权重得分是 10 分 ×8 分 = 80 分；C 方案的权重得分是 10 分 ×6 分 = 60 分。按照这个方法，可以算出三种方案在①到⑥所有标准下的得分。

接下来，分别累加 A、B、C 各自的得分，进而得出 A、B、C 方案的综合评价分数。这个综合评价分数排在前两名的方案，在这里也就是方案 A 和方案 B 进入最终选择的阶段。

在最终选择中，我们要对方案实施的风险进行探讨。因此就要挑选出风险项目，并确认是否能够通过“事前预防”和“发生时再采取对策”的方法来降低这些风险发生的可能。

在最终选择中，二次预选的分数终究也只是一个参考。所以要通过“是否能够控制风险”这一点进行判断。方案 A 在最终选择阶段获得胜利，这也就确定了新设分店场地在 A。剩下的事情就是对方案 A 的开店方向进行最终的详细确认。

若大家能够掌握这个分析决定的技巧，就能够提高制作剧本（假设）的能力。

专栏 立刻提高“数据思维”的小练习

接下来我将为“对于数据感到犯怵”的人简单地介绍克服这种心理的 2 种方法。

一是看到汽车的车牌号后，可以试着进行加减法运算。

这是对于小学生而言也十分有效的训练。看到汽车的车牌号之后，会发现车牌上写着 3 位或者 4 位数字。接下来就可以将车牌号数字的前 1 位数或者前 2 位数的数字与后边的 2 位数数字进行加减法运算。比如，如果车牌号上面的数字是“44－26”，那么 44+26=70，44－26=18。如果是“23－88”，那么 23+88=111，23－88=－65。

这虽然是非常简单的练习，但是如果能每天都坚持下去的话，大家就能够切实体会到自己计算速度的提升。不管是什么事情，**只要能够感受到自己的成长，就有动力坚持下去。而一件事坚持下去就会成为习惯。**习惯的力量是非常强大的。在不知不觉中大家对于数据的犯怵心理就会减轻。

二是试着思考一下自己几点能够到达目的地。

这是能够同时做到因数分解和预计工作量的优秀练习。

也就是在你出门去往某地的时候，推测自己几点几分能够到达目的地的练习。比如让我们来试着推算一下开车从我家的所在地横滨出发几点能到我的老家大阪吧。

那么怎样进行因数分解比较好呢？我的做法如下。

从横滨到大阪的整体距离大约不到 500 km，过程可以分解成 4 个部分。

①从我家到最近的高速入口大约为 10 km；

②从高速出口到我的老家大约为 10 km；

③高速公路上以 80 km/h 的固定速度驾驶；

④中途休息三次。

以上述信息为条件进行假定。因为在市区内的平均行驶速度为 20 km/h 左右，所以①、②所用时间分别为 10 km ÷ 20 km/h=0.5 小时（30 分钟）。

从总行程的 500 km 中除去①和②的 20 km，余下的行程为 480 km。在高速公路上所需时间为 480 km ÷ 80 km/h=6 小时。

④如果一次休息 30 分钟，那么休息 3 次就是 30 分钟 ×3 次 =1 小时 30 分钟。

加起来就是① 30 分钟 + ② 30 分钟 + ③ 6 小时 + ④ 1 小时 30 分钟 =8 小时 30 分钟。

假如我上午 8 点出发，就可以推测出我到达老家的时间是“8 点 + 8 小时 30 分钟”，即 16 点 30 分。

那么如果我想要稍微早一点到达老家的话，该怎么做呢？方法有 3 个：a. 提早出发时间；b. 减少休息次数或者休息时间；c. 提高在高速公路上的平均行驶速度。当然，将这些方法进行组合也是可以的。

比如将条件 a 改为早出发 1 小时，b 改为休息两次，c 提高到 90 km/h。过程①②保持不变，需要的时间仍为 30 分钟。

在高速路上的用时，也就是③部分的用时为：480 km÷时速 90 km/h≈5 小时 30 分钟

④ 30 分钟 ×2 次 =1 小时

这样一来，到家总共用时为：① 30 分钟 + ② 30 分钟 + ③ 5 小时 30 分钟 + ④ 1 小时 =7 小时 30 分钟。那么，提前 1 小时出发的话，我到家的时间就是：7 点 +7 小时 30 分钟 =14 点 30 分。

这样一来，我就会比当初预测的 16 点 30 分提早 2 小时到达老家。

这个过程也就是规划、制作剧本（假设）。接下来就是将剧本与实际的结果进行对比，也就是要检验实际在①～④的部分中所花费的时间与自己的假设有多少出入。

这里虽然是我自身的例子，但是在大家的工作中，这样的“因数分解”也同样发挥着巨大的作用。它能让大家切实地感受到自己“**预计工作量**”的感知能力的提升。**随着预计**

工作量这一能力准确度的提升，大家对于工作整体的推断也就会更加准确。虽然我们只进行了四则运算的练习，但若长此以往坚持下去的话，就能提高大家对于数据的感知力。

第 3 章

分析数据，能大幅提高经营和赚钱能力

- 提升赚钱嗅觉的技巧 1——把控盈亏平衡点
- 提升赚钱嗅觉的技巧 2——双主轴思考
- 提升赚钱嗅觉的技巧 3——增加数据的积累

提升赚钱嗅觉，要点是“要从经营者的视角出发”。说起经营者，会有各式各样的人存在，所以将这些人一概地用“经营者”的身份来囊括是不太可能的。我在这里所说的经营者指的是考虑着“持续经营”的经营者。

持续经营是指，以公司的长久发展为前提的经营。

企业有着向顾客持续地提供服务或商品的责任。为了履行这份责任，企业就必须提供商品的售后服务，或者改良商品，或者开发新产品。为了实现这些工作内容，优秀的人才及同事是必要的。同时，资金也是必不可少的。

因此，**就需要进行稳定的投资。**这就要求公司必须持续地提高利益。为了将公司长久地经营下去，利益是必不可少的。

在这里我想告诉大家，经营者是通过利益来看待事物的。说得再极端一点，通过这一点就可以看出这个人是否为一个合格的经营者。只考虑销售额和成本的人，无论他是董事，还是管理层人员，都称不上是经营者。

在第三章中，我主要对赚钱，也就是对增加利益而言最为重要的 3 点进行说明（参考图 25）。在这一章节中，同样是仅靠四则运算就可以弄清楚很多事情。

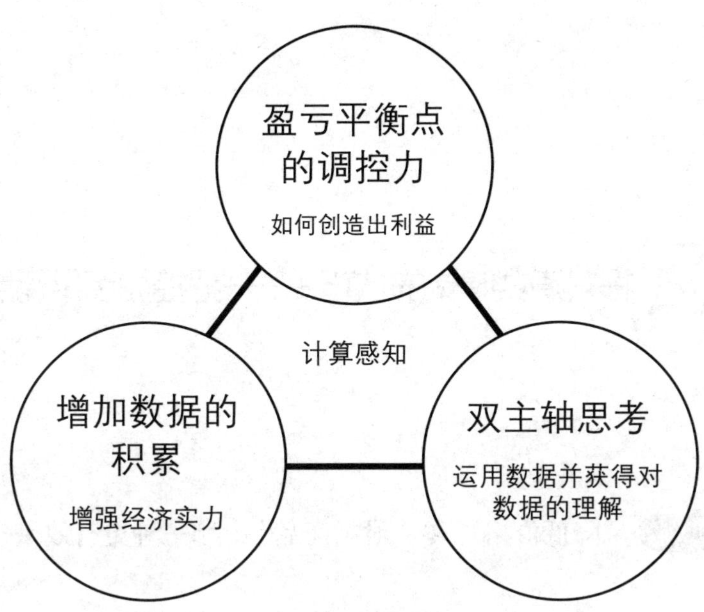

图 25　在第 3 章中进行讲解的 3 个观点

提升赚钱嗅觉的技巧 1——把控盈亏平衡点

实例 “降低价格”和“附赠商品”，哪一种更有效果

通过这里的实例，可以让大家了解到增加长期利益的方法，也就是 LTV：Life，Time，Value（生活、时间、价值）。

某个咖啡连锁店正在讨论两种促销方案。

方案 1：将 300 日元的咖啡降价 50 日元，以 250 日元的价格进行销售。

方案 2：在 300 日元的咖啡中免费提供价值 50 日元的配料服务，以 300 日元的价格进行销售。

采取促销方案的目的是为了增加长期利益。让我们试着运用数据判断出方案 1 的“降价”和方案 2 的“配料免费服务”哪一项更有效果。

这就需要我们从多种方案中选出最佳方案。这种情况下，我在上一章所介绍的“分析决定”就派上用场了。因为这里的方案只有两个，所以可以试着采用简易的方法进行比较。

我们可以通过分类了解到，方案 1 是“降价”的措施，方案 2 是“追加服务”的措施。这里的课题就是，哪一项方案会起到更好的促销效果。

这种时候大家很容易就靠直觉做出判断。但是在这里让我们运用四则运算来进行分析吧。

首先，在方案 1 和方案 2 中，相同点和不同点有哪些？让我们从这一点出发进行分析。

首先，**“相同点”是方案 1 和方案 2 采取的都是从实际价格中降低 50 日元的措施。**方案 1 是将 300 日元的咖啡降价 50 日元，以 250 日元的价格进行销售。方案 2 是不改变咖啡 300 日元的原价，而是免费提供价值 50 日元的配料服务，也就是销售价格为［300 日元（咖啡价格）+50 日元（配料价格）］－降价的 50 日元配料费，即 300 日元。故方案 1 和方案 2 都是从实际价格当中降低 50 日元进行销售。

与此相对，**“不同点”是两个方案从每位顾客身上获得的销售额不同。**方案 1 是 250 日元，方案 2 则是 300 日元。

这样我们就对方案 1 和方案 2 的“相同点”和“不同点”进行了简单的确认。接下来，就让我们充分运用四则运算对方案 1 和方案 2 进行比较。比较的要点在于**“销售额”“降价率”“利润率”以及“今后扩大客源的可能性”**这四点。

首先是“销售额”。仅仅单纯地对方案 1 和方案 2 进行比较，无法弄清楚哪一个方案的促销效果更好，也无法确认出总销售额是否有所上涨。

因此，让我们试着计算一下**如果降价的话，要获得和咖啡降价前相同的销售额需要增加多少顾客量。**方案 1 需要 300÷250=120% 的顾客量。也就是需要增加 20% 的顾客量。方案 2 需要 350÷300≈116.7% 的顾客量。也就是需要增加 16.7% 的顾客量。如果是实施方案 1 的降价方案的话，那么通过方案 1 增加 20% 的顾客量所得到的销售额就和降价前的销售额相同。

接下来让我们对“20%”这个数字进行具体想象。有的顾客会觉得一杯咖啡 300 日元有点贵，但如果是 250 日元的话就可能买来尝尝。如果抱有这种想法的顾客增加 20% 的话销售额就会与降价前相同。同样若通过方案 2 的免费配料服务，能够增加 16.7% 的顾客的话，也能获得与降价前相同的销售额。

虽然我们仍不知道在目前的情况下哪一项方案更有效果，但为了达到与降价前相同的销售额**必须要增加顾客量。对比方案 1 的 20% 和方案 2 的 16.7%，方案 2 需要增加的顾客量更少。**我们也就可以判断出通过方案 2 实现与降价前相同销售额的可能性更高。

接下来是“降价率”。方案 1 的降价率为 50 日元 ÷300 日元 ≈16.7%。方案 2 的降价率为 50 日元 ÷（300 日元 +50 日元）≈14.3%。一般情况下，对于咖啡连锁店而言，降价率越低越好，所以在增加顾客量方面，方案 1 ＞方案 2，而在降价率方面也是方案 2 更加有利。

接下来让我们以相同的方法考虑“利润率”的变化。因为我们事先没有关于咖啡店利润率的数据，所以除了需要上述的数值之外，还需要大家的经验和知识。比如，大家需要对于咖啡和配料等商品利润率的数值有所了解。虽然我也并不是十分清楚这个数据，但是根据经验，我们知道**在餐饮行业食物原材料的成本率为 10% ～ 30%**。这样我们就可以假设一杯咖啡的制作成本为 30 日元。

一杯咖啡的利润与利润率

利润：300 日元－ 30 日元 =270 日元

利润率：270 日元 ÷300 日元 =90%

其实如果要计算实际利润的话，还要从这 270 日元中扣除人工费、咖啡机的成本、房租、水电费、折旧费、税金等。也就是还需要从每杯咖啡的利润中扣除 10 日元～ 30 日元的成本。在这里为了方便计算，我们就当一杯咖啡的毛利润为 270 日元，利润率为 90%。另外价格为 50 日元的配料的成本为 10 日元。那么：

一份配料的利润与利润率

利润：50 日元－ 10 日元＝40 日元

利润率：40 日元 ÷50 日元 =80%

一杯咖啡 + 一份配料的利润与利润率

利润：270 日元 +40 日元 =310 日元

利润率：310 日元 ÷350 日元 =88%

那么如果实施这里的方案 1 和方案 2 的话，他们各自的利润额和利润率又分别是多少呢？

方案 1 ：降价 50 日元

销售额：250 日元（咖啡的原价 300 日元－ 50 日元）

利润：270 日元－ 50 日元 =220 日元

利润率：220 日元 ÷250 日元 =88%

这里需要注意的是，**要将降价的 50 日元从利润中完全减去。**

方案 2 ：免费提供价值 50 日元的配料

销售额：300 日元（咖啡的原价 300 日元 + 配料的原价 50 日元－ 50 日元）

利润：310 日元－（50 日元－ 10 日元）=270 日元

利润率：270 日元 ÷300 日元 =90%

这里需要注意的是，与直接降价不同，并不是将 50 日元全部从利润中减去，而是**从利润中减去去掉配料成本的 40 日元（50 日元－ 10 日元）。**

方案1中利润减去50日元，而在方案2中利润是减去去除配料成本的40日元。所以从获利的角度来看，方案2的利益减少得更少，所以方案2更优。

总结而言，从销售额、降价率、利润率的角度来看都是方案2更有价值。

接下来，以这次的促销方案为契机，我们来探讨一下方案1和方案2哪一项对于今后的销售扩大，也就是**对于增加长期利益（生活、时间、价值）而言更有效果。**在这里我们可以将顾客分为现有顾客和新增顾客后进行思考。

现有顾客是指店铺的常客，也就是至今为止一直光临店铺的顾客。新增顾客是指，通过这次的促销方案后新增的来店顾客。在这次的促销活动结束之后，在通过方案1新增的顾客中，可能会有一部分顾客在促销活动结束后继续来店。但是另一方面，如果促销时的咖啡价格在活动结束后返回原价，也就是由250日元重新变回300日元的话，就很有可能损失一部分现有顾客。

与此相对，方案2**提供了免费配料这样一种“崭新体验”的服务。**所以一部分喜欢配料的现有顾客很有可能在今后会加购配料。在今后扩大销售的可能性方面也是方案2获胜。

上述的方案1和方案2是在现实的咖啡连锁店中实施过的方案。在咖啡店出台促销方案之前，我一直都只点咖啡拿铁；但是在方案2出现后，我开始尝试“浓缩咖啡”，有时候也会把配料中的“牛奶”换成“豆乳”。以此为契机，我成了该咖啡店的追加服务的常客。这正是沾了方案 2 的光。

大家有何收获？这里的案例所使用的也仅仅只有四则运算。即使如此我们也分析到了这一步。而且，只要制作好剧本的话，进行确认所花费的时间仅需要数分钟到数十分钟之间。

虽然这样两个方案很简单，但如果能够用数十分钟的时间就回答出哪一个方案更可行的话，想必大家也会对自己高看一眼。

我将这里的分析流程总结为图 26，以便大家不时之需。

	方案1：降价 300 日元的咖啡 ⇒250 日元		方案2：免费配料 300 日元的咖啡免费提供 50 日元的配料
相同点	降价50日元		降价50日元
不同点	销售价格为250日元		销售价格为300日元
比较1 销售额	为了获得与降价前相同的销售额需要增加20%的顾客量	VS	为了获得与降价前相同的销售额需要增加16.7%的顾客量
比较2 降价率	降低16.7%	VS	降低14.3%
比较3 利润率	降低50日元 降低2%	VS	降低40日元 增加2%
比较4 今后销售的扩大	新增顾客增加 现有顾客减少	VS	因配料而稳定来店 无特别变化

图 26　降价和免费配料措施的比较

为什么“外包”更能让企业盈利？

利润可以用怎样的公式表现出来呢？

利润＝销售额－支出。在上文中我已经对销售额的相关内容进行了说明，所以在这里我将对支出进行一些补充说明。

虽然统称为支出，但是支出是有几种不同的分类方法的。一般可以列举出制作盈亏平衡表（P&L）时的“成本”和“一般管理费”等不同的支出项目。将其分别从销售额中减去，就可以得到**销售额－成本＝销售额总利润（毛利润）。**同样**销售额－成本－一般管理费＝销售利润（盈利）。**同时，分别用毛利润和营利除以销售额就可以得到**毛利率（毛利润 ÷ 销售额）和销售利润率（盈利 ÷ 销售额）。**在进行企业的利益分析或者对公司的销售额变化情况进行确认时，经常会用到毛利率和销售利润率。在对比同行业企业间的收益性（赚钱能力）时也经常使用到毛利率和销售利润率。

支出可以分为“**投资支出和成本支出**”，也就是“**固定支出和可变支出**”。在这里我对将支出分为“固定支出”和“可变支出”的原因进行一下说明。

在上文中我提到过经营者会通过利益来看待事物。在思考事物利益的时候，一个基准就是将支出分为“固定支出”和“可变支出”。**在进行企业的利益分析时，这种分类方法会发挥出很大**

的作用。

大家知道这里的“固定”和“可变”是针对什么而言的吗？

其实也就是对于销售额的增减，支出是保持固定还是改变。固定支出是指与销售额无关的必须要支付的费用。可变支出是指与销售额相关的必须要支付的费用，也就是在销售额增加时，与之相对应的需要增加的支出。反过来说，如果销售额为零的话，不支付可变支出的费用也是可以的。

经营者在使用相同经费的情况下，会尽可能地减少固定支出，增加可变支出的比例。这是为何？其实是因为经营者将经营不顺的情况也纳入到了考虑之中。

比如在像图 27 一样支付 100 万日元的时候，我们举两个极端的例子进行比较。

A：100 万日元全部为固定支出的情况（也就是支付与销售额无关的 100 万日元）

B：100 万日元全部为可变支出的情况（支付与销售额相关的 100 万日元）

针对这两种情况，我们可以进一步想出 3 个例子。

①与预想中的一样销售额为 100 万日元的情况；

②销售额为预想的两倍，也就是 200 万日元的情况；

③销售额出乎预料为 0 的情况。

结果如图 27 所示。在销售额为预料之中的①的情况下，A（固定支出）和 B（可变支出）的获利是相同的。但是，在销售额为预想的 2 倍的情况下，则是 A（固定支出）的获利更多。在销售额为 0 的情况下，B（可变支出）的风险更小。

在这里我想让大家了解到，如果销售额高于事先预期的话，也就是例子②的情况下，提高固定支出从而获得更多利益的做法是正确的。也就是说，所有的费用支出都是前期支出。

但如果销售额与事前的预期大有出入时（现实中的大多数情况都是如此），以这里的例子③为例，就要尽可能地提高可变支出来防备风险。

一般来说固定支出是指事务所、工厂、仓库的房租、公司员工的工资相关费用、系统和资产的折旧费等。即使公司的销售额为零也必须要支付这些费用。而可变支出是指原材料费、销售手续费、运费等。

比如现在有一家公司专门销售商品 A。这家公司的销售额用图 28 来表示。图的纵轴代表销售额，横轴代表商品 A 的销售数量。如果商品 A 的单价为 10 万日元的话，卖出去一件销售额就是 10 万日元，卖出去两件销售额就是 20 万日元，卖出去 10 件的话销售额就为 100 万日元。这也就是图 28 中向右

	A：全部为固定支出 支付与销售额无关的100万日元	B：全部为可变支出 支付与销售额相关的100万日元
①销售额为100万日元（意料之中）	销售额　固定支出 100万日元－100万日元 ＝利润 0万日元	销售额　可变支出 100万日元－100万日元 ＝利润 0万日元
②销售额为200万日元（预想的两倍）	销售额　固定支出 200万日元－100万日元 ＝利润 100万日元	销售额　可变支出 200万日元－200万日元 ＝利润 0万日元
③销售额为0日元（出乎意料）	销售额　固定支出 0万日元－100万日元 ＝利润 －100万日元（赤字）	销售额　可变支出 0万日元－0万日元 ＝利润 0万日元

可以对销售额进行预测时（例子②）→增加固定支出（减少可变支出）增加利润

难以对销售额进行预测时（例子③）→增加可变支出减少风险

图 27　固定支出和可变支出对于利润的影响

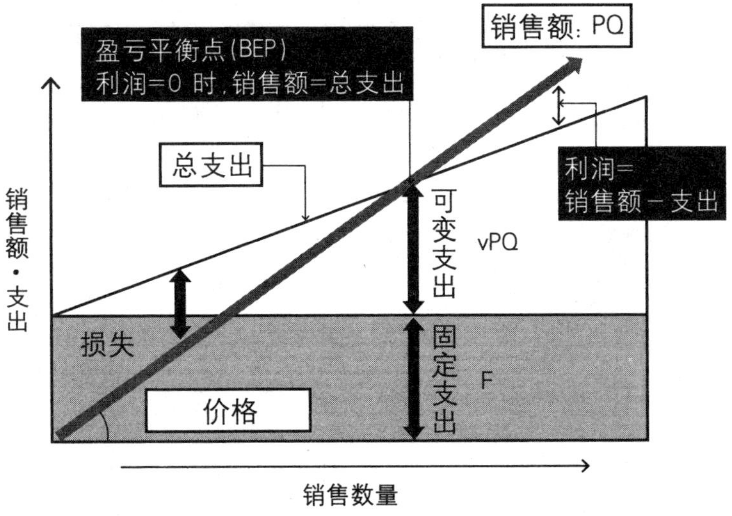

图 28　销售额、可变支出、固定支出、盈亏平衡点之间的关系

上方延伸的直线所展示给我们的内容。这条直线的“倾斜度”所表示的就是商品价格。

另一方面，固定支出和可变支出等支出，是怎样在图中表现出来的呢？固定支出，是与商品 A 是否卖得出去完全无关的必须支出的费用，也就是说，与商品的销售数量无关，所以在图表中就是一条与横轴平行的直线。如果商品 A 一件也没有卖出去，也就是销售额为 0 时，仅仅减去固定支出就会产生赤字（在图中用代表销售额的倾斜直线与代表固定支出的横线的交点表示赤字）。

与此相对，可变支出是在商品卖出的情况下发生的费用。其随着销售额的增加而增加。这时的总支出就是固定支出和可变支出的合计值。

销售额要达到多少才能盈利

从左侧看图 28，我们会发现在图整体的左侧部分中，与表示销售额的粗线相比，表示总支出（固定支出 + 可变支出）的细线更靠近上方。这就意味着与销售额相比总支出更多。呈现的就是赤字状态。

而通过图的右半部分，我们可以发现代表销售额的粗线和代表总支出（固定支出 + 可变支出）的细线存在相交的部分。这既表示出在这个交点处销售额等于总支出（固定支出 + 可变支出），又表示出了销售从这里开始摆脱赤字的局面，利润为 0。我们把这里的交点称为盈亏平衡点（BEP：Break Even Point）。从盈亏平衡点的字面意义我们就可以充分地了解其含义，也就是盈（黑字）和亏（赤字）的平衡（区分）点，即在这个销售额的基础上，如果销售额继续增加的话就会摆脱赤字情况的平衡点。这对于经营者而言是非常重要的数值。当然，不同公司的数值是不同的。

一般对于大企业而言，盈亏平衡点的销售额的数值会大一些，而中小企业的盈亏平衡点的销售额的数值会小一些。如果大家知道自己公司的盈亏平衡点的销售额的话，就请试着将其与公司整体的销售额进行比较吧。通过这一步骤，我们就可以了解到"盈亏平衡点的销售额 ÷ 整体销售额"得出的数值越低，企业就越容易获利。因此，对自己公司的这个数值多加留心，长期观察，就能够判断出自己的公司是否容易获利。

除了盈亏平衡点的销售额之外，要想提高销售额，我们还需要把握好商品 A 的销售数量。这个销售数量的数值是让我们明白**卖出多少件以上的商品 A 之后才能够获利的重要数据**。本书将这个数据称为位于盈亏平衡点的销售数量（BEPQ）。

提升盈利水平的3个重要方法

如何降低盈亏平衡点（BEP），也就是降低位于盈亏平衡点的销售数量（BEPQ）呢？

BEPQ是指为了获利所需要的最低销售数量。对于经营者而言，同一个商品卖出100件能获利和卖出50件能获利，经营者会更倾向于哪一个选项呢？很明显，经营者肯定会更倾向于卖出50件就能获利的选项，也就是销售数量更少的选项。

我们也就理解经营者想要尽可能地降低盈亏平衡点（BEP），也就是降低位于盈亏平衡点的销售数量（BEPQ）的原因了。所以在这里，让我们来试着考虑一下如何降低这个数值。这可谓是从经营者的角度出发进行考虑。

请大家再次参考图28。怎么做才能降低盈亏平衡点？盈亏平衡点是代表销售额的粗线和代表总支出（固定支出＋可变支出）的细线的交点。**因为横轴表示的是销售数量，所以要想办法使这个交点向左（销售数量减少的方向）移动。**

图28是由3条直线构成的。分别是不断向右上方延长的销售额的直线、横向的固定支出的直线、不断向右上方延长的可变支出的直线。

如何使盈亏平衡点向左侧移动呢？因为图中有3条直线，所以我们至少能够找出3种方法。我在这里说至少可以找出3种方法是因为还可以将找出的 3 种方法进行组合形成新的方法。接下来就让我们找出最基本的 3 种方法吧。

第一种方法是**提高代表销售额的直线的倾斜度**。提高这条直线的倾斜度的话，盈亏平衡点也就会向左移动。因为这条直线的倾斜度代表的是商品的单价，所以具体的措施就是**提高商品的单价，或者对商品的降价促销活动进行调整**。

第二种方法是**减少固定支出**。减少固定支出，代表固定支出的横线就会下移。这样一来，盈亏平衡点就会向左移动。减少固定支出的方法也有不少，比如削减固定支出中的一些无用的支出，或者单纯地减少固定支出，还可以把固定支出转换为可变支出。比如说个人租赁、企业外包等形式，虽然自己并没有商品的所有权，但是可以在需要使用的时候通过支付一定金额获得使用权，从而实现固定支出向可变支出的转换。但需要注意的是，在将固定支出转换为可变支出的时候，代表可变支出的直线的倾斜度会变大，与之相应地盈亏平衡点会向右侧（销售数量变多的方向）移动。因此要处理好固定支出与可变支出之间的平衡关系。

第三种方法是**降低代表可变支出的直线的倾斜度**，也就是降低在销售商品 A 时所需要的可变支出的比例。这样一来盈亏平衡点就会向左移动。这个方法可以通过单纯地降低订货价格实现，或者通过重新评估业务流程，省去无用程序，整合业务等手段达到减少可变支出的效果。

在“提高价格”“降低固定支出”“降低可变支出的比例”这三个方法中，哪一个方法对于降低盈亏平衡点最为有效呢？

最有效果的是“降低固定支出”。在这里我就不详细进行说明了。优秀的经营者会将降低盈亏平衡点这件事长记于心。所以对于优秀的经营者而言，最重要的事情就是“降低固定支出”。请大家也牢记这一点。

对于降低固定支出而言，公司不需要将固定支出留在自己手上，只要**向外订货（外包）**就足够了。当然公司本身也会想要购入许多必需品。但是，降低固定支出的基本原则不是自身持有物品，而是通过委托其他公司的方式使固定支出变为可变支出。

而且，只有在能够确实地预测出销售额的时候，本公司的固定支出才能够确保利益的获得。特别是在中小企业中更是如此。

在我们看到亚马逊的销售情况后，就能清楚地了解到亚马逊忠实地执行着自身的销售战略，也就是“畅销商品由本公司负责销售，而销售情况不确切的商品由其他公司负责销售”。亚马逊在进军新的商品市场时，最开始会以电商的形式担任商品销售中介的角色，从而掌握各种零售店的商品销售情况。如果是畅销商品，亚马逊就会向零售店支付一定的手续费获得商品使用权，从而提高可变支出。虽然这种做法会使亚马逊所获的利润受到一定的限制，但是相应地减少了其面临的风险。

但如果知道了销售该商品确实对销售额的提高有所帮助的话，那么亚马逊自身也会购入该商品，并且由自己公司负责销售。**这对公司而言就是产生固定支出，从而出现风险的情况。**一般来说，经营者会尽可能地避开固定支出的产生。但亚马逊正是因为通过电商平台对新商品的需求量和销售额的预想已经有了一定的把握，所以可以判断出即使产生了固定支出，所要面临的风险也很小。亚马逊很擅长给人留下自家公司销售的产品物美价廉的印象，我认为这正是真正理解了市场营销原则的体现。

让我们返回之前的话题。一般来说企业是想要降低固定支出，提高可变支出的。对于实现“降低固定支出”这一目标，就如上文所说，有两个方法。

一个方法是省去一些无用的支出，从而降低固定支出。另一个方法是将固定支出转换为可变支出。

也就是说，公司本身不持有某些物品，而是在每次需要使用这些物品时通过支付一定的金额获得其使用权。世界性的云商务和共享经济的快速发展，也得益于“将固定支出转换为可变支出”的实现。这相当符合经营者或持有经营者视角的人们的需求。

以 IT 行业为例，一直以来，大企业在自家公司内部都有着系统开发、数据保存、程序运行的服务器。这里的系统开发和数据服务器的持有、使用就是固定支出。大企业没有其他的选择。

但是，现在有了把固定支出转换为可变支出的方法，**那就是云服务。**最开始云服务仅被应用于基础设施领域，但是现在，与系统开发相关的大多数工作都可以用云服务来替代。因此，很多企业都开始使用 Azure、AWS 等云服务。

云服务是指，只产生使用部分费用的计费机制。这也就使一直以来的“固定支出转换为可变支出”的目标得以实现。云服务的使用者增加，也体现出了固定支出向可变支出的大幅度转变。

在最开始，只有“以经营者的角度”进行判断的企业享受着云服务的好处，而未从经营者的角度进行判断的企业则认为云服务的安全性较差，妨碍了固定支出向可变支出的转变。但现在，政府、金融等机构不仅使用云服务构建信息系统，甚至开始将云服务运用在账户系统这样的基础系统的构建上。这也说明了“从持有到使用”，也就是“从固定支出到可变支出”这一转变的趋势之猛。

擦亮眼睛，看清“隐形”成本

在上文中我们已经讨论了经营者会考虑“利润”的话题，换言之，也就是会**对进行投资的资金是否能够得到回报进行判断。**如果投资了 100 万日元，自然就会希望销售额能够达到 100 万日元以上。如果做不到这一点，就不会产生利润。

请回想一下第 1 章表 1 中的案例研究。我们最终想出的提案是：召集关西地区和其他地区的销售人员，通过开展学习会来讨论商品促销的方法。

这也许是一个好的提案，但是转变一下立场，如果你是销售人员的上司的话，你会怎么想？开展学习会是有可能起到一定的效果，但是也有可能没有效果。作为上司要尽可能地避免无效的结果，特别是如果接受了上述提案，就会产生时间和成本支出。这样一来，如果实际效果不如预期的话，就得不偿失了。

当然，通过视频会议等形式开展学习会的话，是有可能减少交通费用和移动时间的成本的。但即使如此，从上司的视角来看，能够帮助其对学习会的效果做出判断的信息很少，所以就很难轻易地说出“YES”。

也就是说，作为一名销售主管，是希望在方案实施前就了解到方案能带来怎样的效果的，即使是大致的结果也没有关系。于是，现在面临的问题就是“开展学习会是不错的方案，但是有多少效果呢？”**“开展学习会是否能带来与投资对等的回报呢？”**

销售主管也并不会自负到认为自己能够正确把握所有事情，所以只要大致的内容和结论就足够了。我在这里数次写道“大致内容就好”，是因为大多数人并不使用数据进行说明。

在这种情况下，如果你能够像下面的内容一样进行说明的话，效果会怎样呢？

我们了解到与首都圈相比，关西地区和其他地区的每位销售人员在商品B的基本计划的销售中，每月的销售额不足60万日元。如果在参加这次学习会的销售人员中，一半的人感到颇有成效，也就是提升了销售能力的话会怎么样呢？

关西地区的6名销售人员以及其他地区的15名销售人员，这两个地区每月的销售额共计约为600万日元。

通过开展学习会，预计增加的销售额（每月）：

(6人+15人）×50%×60万日元≈600万日元

若以5月份的总销售额1亿零500万日元为基准进行考虑，通过开展学习会，预计增加的销售额的比例：

600万日元 ÷1亿零500万日元 ×100%≈6%

这就可以达成最开始的提高5%销售额的目标。在这里存在着两个关键点。一个是能否找到填补与首都圈60万日元销售额差距的改善措施。另一个是能否做出提高半数与会人员的销售能力的内容。我们会对这两点进行详细讨论，届时能否请您提前进行确认呢？

如果能够像这样进行说明的话会怎样呢？

接下来就需要与策划学习会的人员，也就是负责销售商品B的规划负责人一起，对是否能够开展这种程度（半数的参加人员在听完学习会后每月能够提高60万日元的月销售额）的学习会（会议内容）进行确认。

在确认通过学习会，部门每月会提高600万日元的月销售额的效果（Return）的同时，也要**事先对需要投入的成本（Investment）进行确认。**

比如，我们假设关西地区的销售人员每个人来到举办会议的公司总部所需的交通费为3万日元，其他地区的销售人员每人所需的交通费为5万日元。

交通费用的合计：

关西地区：3万日元 ×6人 =18万日元

其他地区：5万日元 ×15人 =75万日元

总计：93万日元

同时，因为他们要来参加学习会，所以有 1 天的时间不能进行销售工作。在这里我们通过他们 5 月份的销售额来计算一天销售额的损失。

销售额的损失合计（每天）：

关西地区：

月销售额 1 680 万日元 ÷ 月工作天数 20 天 =84 万日元

其他地区：

月销售额 3 900 万日元 ÷ 月工作天数 20 天 =195 万日元

总计：279 万日元

交通费和销售额的损失合计（关西地区 + 其他地区）：

93 万日元（交通费）+ 279 万日元（减少的销售额）=372 万日元

因为我们设想销售额会增加 600 万日元，所以这里的 ROI（投资回报率）就是“销售额的 600 万日元 ÷ 投资的 372 万日元 × 100%”≈161%。也就是说，在投入了 372 万日元的前期成本的情况下，若能提高 600 万日元的销售额，投资回报率就能达到 161%。

161% 这个数字的意思是指与投资相比回报要高出 61%。这是一个相当可观的数字。但是冷静思考一下的话，我们就会发现

372 万日元这一前期成本的数值是“真实的数值”。在这里“真实的数值”是指，已经确认的要支出的投资费用。但是与其相对的**回报的数值说到底也只不过是一个推测，或者说是愿望。**那么就有可能出现回报无法达到这个数值的情况。上司在权衡之下，就会对是否要开展学习感到犹豫。

那么，通过视频会议的形式开展学习会怎么样呢？因为销售人员不需要坐车前往总部，也就是不需要移动时间，所以可以减少一半时间的销售停止状态。因此销售额的损失就可以从 279 万日元降到 140 万日元。交通费用的 93 万日元也就不再需要了。

但是，如果采用视频会议的形式的话，效果有可能会稍微打些折扣，也就是预期的销售额会有所减少。我们假设这里的销售额为之前的 90%，就可以计算出销售额为 600 万日元 ×90%=540 万日元。由此，通过视频会议开展学习会的投资回报率就是“销售额的 540 万日元 ÷ 投资的 140 万日元 ×100%”≈ 390%。这里的数值接近 4 倍，可以说投资回报率相当高。这样一来，上司就能够判断出是否要开展学习会了。

而且开展学习会对于提高销售额的效果并非一次性的，而是会持续一段时间。假设效果能持续半年时间的话，提高的销售额就是“540 万日元 ×6 个月”=3 240 万日元。这样一来投资回报率就是“3 240 万日元 ÷140 万日元 ×100%”≈ 2 300%。这样一来，上司就能够判断出应该开展学习会。

在这里的计算中我所使用的也仅仅只有四则运算。仅仅通过四则运算，我们就能更容易地判断出开展学习会这个方案是否可行。

像这样在短时间内运用数据的过程中，“费米推定”起到了一定的作用。费米推定是充分利用四则运算提升工作水平的有效手段之一。

支出费用是投资还是成本

在本章的开头，我曾写到：**经营者会通过利益来看待事物。**也就是通过投资回报率来对投资的正确与否进行判断。

假设 ROI 在 1 倍以下，也就意味着与投资相比回报较小，这样的措施是没有意义的，所以也就绝对不会实行。投资回报率理所当然要超过 1 倍才有意义。

但是实际上，很多情况下我们实施的举措并不会完全按照预想发展。因此，在计算 ROI 的时候，还要考虑到措施无法顺利进行的风险。比如用理想的 ROI 值乘以五成的“**风险率**”来计算实际的 ROI 值。如果理想的 ROI 值为 2，风险率为五成的话，那么实际的 ROI 值 =2 × 50%=1。

顺便一提，企业的资金支出大致可以分为两种，也就是投资和成本。我们需要理解这两者的区别来对支出进行调控。投资是可以计算出回报的支出，而成本是不能计算出回报的支出。**正确地对成本加以解释的话，就是“你不会计算是否会带来回报的支出”。**

投资就像前面所说的 ROI，要通过与回报进行对比之后再来决定是否投入。而因为前期的投资所带来的回报是不确定的，所以经营者就会尽可能地将前期投资支出降到最低。如果回报不明确的话，自然就不会在前期过多投资，甚至可能连一分钱都不想支出。有着这种想法的人才是优秀的经营者。

在上文中我将成本解释为“你不会计算是否会带来回报的支出”，其中还包含着另外一层含义，也就是如果是除了你之外的优秀经营者的话，就有可能去计算回报。你只是懒惰，或是拘泥于成见，抑或是无法想象出实际的效果，因为这些因素，才导致你不能准确地计算出回报。

我曾经在培训公司做过销售规划的工作。当时，我曾提出过一个建议，就是对参加过销售进修的人员进行调查，弄清楚他们在进修前后发生了什么样的变化（也就是销售额的提高情况），并将其经验应用于销售之中。实际上，这家公司的销售进修培训效果斐然，参加者在进修前后平均提高了10%左右的销售额。这是相当卓越的成果，但是当时很多人反对公布这个数值。

理由如下：原本参加销售进修培训的人就是被各自的公司选拔出来的人，他们能够充分利用好进修培训的这个机会，所以他们的销售业绩自然会有所提高；同时，使他们销售业绩得到提高的进修培训以外的原因，如顾客情况、市场情况、销售的商品与同行业商品间的相对优势等因素占据很大比例。我们必须要考虑到这一点。

事实确实如此。上面所说的10%说到底**也只是显示出销售业绩的提高与进修培训有一定的关系，但是我们不清楚它**

们之间是否存在着因果关系。因为10%这个数值有可能不准确，所以选择不对其进行公布。我认为这完全正确。

然而，当时与该公司同行业的另外一家外资企业则宣称“参加者在进修培训后销售额提高了5%”。当然，这是有明确记载的案例的，上面也清楚地写到二者不是因果关系，而是相关联系。

在上文我曾提到**经营者会将投资回报率（ROI）作为判断的基准。**虽然在前一家公司中销售业绩提高10%和销售进修培训是有实际关联的，但是没有明确的记载。与此相对，另一家外资企业则明确宣称“参加者在培训后提高了5%的销售额”。这两家公司的培训进修课程，哪一个更容易得到青睐呢？

如果选择后者的进修课程的话，我们可以通过“参加人数 × 平均销售额 ×5%”来计算出得到的回报。而“参加人数 × 参加费用＋参加进修时导致的销售额的损失”就是投资费用。用这个费用乘以风险率之后，将得到的回报与前期投资进行对比，就可以判断出是否应该参加该公司的进修培训课程。

虽然当时我所在公司的销售进修课程的效果比同行业其他公司要好，但是并没有明确的记载。因此从其他打算参加培训课程的公司角度出发，对于我所在公司的课程支出就不是投资，而变成了成本。实际上存在着很多像这样的明明投资回报率很高，但是没有明确记载的案例。·对此我表示十分惋惜。

总结而言，支出费用大致可以分为投资和成本。我希望大家在使用预算的时候，**尽可能地养成预计效果、确认 ROI 的习惯。**对此在上文中提到的费米推定会起到帮助作用。

提升赚钱嗅觉的技巧 2——双主轴思考

帮助看清趋势的双主轴思考法

那么，在这个部分让我们改变一下主题。本章作为数据的应用篇，接下来我想要稍微谈谈我自己的经验。

我在对事物进行思考的时候，经常会从两个角度出发进行思考。

我在 2002 年有幸参加了法国的商务学校（INSEAD）所举办的关于行政和营销的课程。我原本预定是于 2001 年的 9 月末，在美国的西北大学参加市场营销专家科特勒教授主讲的市场营销课程；但因为当时美国发生了 9 · 11 事件，所以 RECRUIT 停止了所有美国的差旅。受此影响，我选择了位于法国的商务学校。在此之前我并不知道商务学校。

但是借此机会，我重新学习了营销的基础知识。特别是我有幸学习到了从两个角度出发来表现数据的重要性。用两个恰当的主轴来恰当地表现数据，就可以反映出隐藏在数据中的真实情况。在这里我就介绍其中几个例子。

为什么顾客满意度高，却不一定能成为“回头客”

一般来说，提高了顾客满意度，也就能够增加销售额。这两者之间似乎存在着相关联系，也存在着因果关系。也就是说，提高了顾客满意度，顾客忠诚度（顾客再次购买商品的意向）也就会随之提高。

提高顾客满意度→顾客忠诚度（顾客再次购买商品的意向）随之提高→顾客再次购买。这一结果使得“生活、时间、价值”也随之提高→顾客甚至会自发推荐公司的商品和服务。我们可以设想出这样的流程。到这个步骤，因为顾客会为自家公司带来顾客，所以公司的营销成本下降，企业的收益率会大幅提高。这是非常重要的流程。

当时的我曾盲目地相信过这一流程。但**实际的情况是，收益的提高与顾客满意度、忠诚度之间的关联性是存在强弱的。**为了理解这一点，我们需要从两个角度出发进行思考。

具体来说，就是以顾客满意度与忠实度这两点为主轴，对每种商品的销售情况进行构想。图 29 就是其中一例。

在我们看到图 29 之后就会注意到一个奇异之处。确实，随着顾客满意度的提高，顾客忠实度也会有所提高。但是通过图 29 我们可以了解到，这二者的相关性可以分为两种不同的情况：一种是即使顾客满意度有所提高，但顾客忠实度却并不会提高很

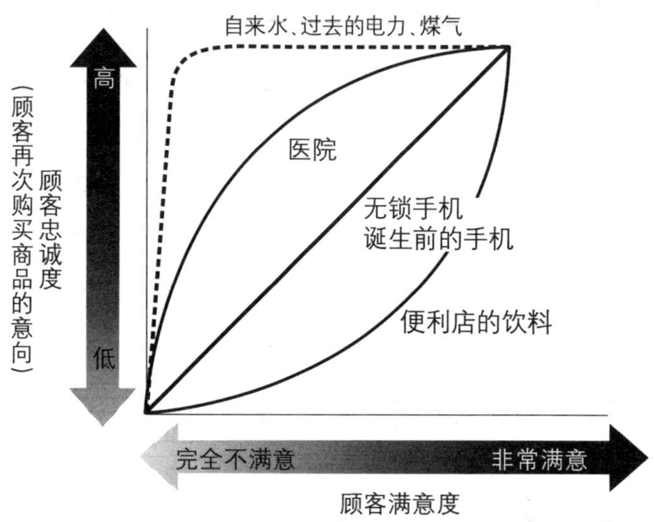

图 29　顾客满意度与忠实度的相关性

多；另一种则相反，即使顾客满意度没有很高，但是顾客忠实度却很高。

它们之间有什么区别呢？**那就是“商品是否容易被替代”。**

在市场营销的用语中有转换成本高，或者转换成本低的说法。转换成本高是指替代商品少的商品，或者即使存在替代商品，但在替代时会花费大量的劳力和成本的商品。

比如大家家里的自来水就是典型的例子。即使大家对自己家里的自来水有感到不满的地方，但要进行更换的话会费不少工夫。

换言之，如果是像自来水一样的替代商品很少的产品或服务的话，即使企业没有提高顾客的满意度，顾客也会持续地购入其商品（这里就是指水）。这样一来，企业就难以生出提高顾客满意度的动机。近来，将一部分的自来水事业民营化的呼声很高。与此同时，人们对此也感到担忧。这是因为生活用水没有替代商品。如果自来水事业民营化的话，即使未来水价上涨，人们也没有选择。也就是说不管水价怎么上涨，人们都必须继续购入。

就在不久前，电力和煤气等与基础设施相关的商品也是如此，没有替代它们的方法。但是现在电力和煤气的形式更加多样，也就是说人们的选择有所增加。现在，虽然这类商品之间的差异很小，难以区分。不过，随着时间的流逝，如果非民营企业商品的顾客满意度还维持在一个比较低的水平的话，顾客忠实度就会降低，非民营公司说不定就容易被竞争企业所取代。

与此相对，顾客满意度稍微下降的话，顾客忠实度也会随之下降的商品是什么呢？这种商品就是转换成本低的商品。如果顾客对这种商品稍有不满的话，就会选择其他竞争商品。在便利店可以买到的商品，就是这种类型的代表。当人们想要买饮料的时候，在老地方没有找到自己一直购买的饮料的话，就会买一些别的饮料。我相信大家都有过这种经历。虽然对商品本身没有不满，但仅仅是不能立马买到这个商品所产生的不悦感，就会使得顾客忠实度降低。

我们很容易理解手机公司不愿意生产无锁手机[1]的原因。因为如果生产无锁手机的话，顾客就很容易更换为其他手机运营商的手机卡；而且顾客也会更容易选择使用超低价的手机。换言之，因为转换成本降低，所以只要顾客满意度稍有降低，顾客忠实度就会下降。

总结来说，由于市场竞争环境越来越严峻，所以表现顾客满意度和忠实度的图线会从左上方向右下方移动。对于消费者而言，因为商品选择有所增加，所以他们会感到高兴；但是对于提供商品的企业而言，竞争会日趋严酷。

1. 无锁手机，是指能够使用任意运营商SIM卡的手机；相对而言，有锁手机是手机公司与特定运营商签约绑定的手机，只能使用特定的SIM卡。有锁手机的价格往往比无锁手机便宜很多。

找到衡量体系，问题就解决了一半

“从两个角度出发进行思考”是指“画两条线”。

重点就是要想象出在建立坐标轴的时候，如果要把这两个角度做成图的话，要做成怎样的图。接下来，**要考虑好如果做成了这幅图的话，你想要通过这个图传达什么内容。**进行到这一步就已经足够充分了。在完成假设、制成图的基础上，就可以开始进行验证了。

当然即使做好图之后，我们也有可能会发现实际情况与自己想象的并不一样。这样一来我们也可以了解到与自己的想象有所出入的事实。那么在今后的研究中，即使不对其进行验证，我们也能知道自己的假设不完全正确。

顺便一提，这里的两条线有两种类型，分别是像坐标轴一样的由横轴和纵轴组成的线以及十字形的线。

前者像坐标轴一样的线，是使两个变量的关系清晰明了的线。后者的十字形的线是将分析的内容分为 4 个象限，并使其特征明确的线。这里十字形的线的典型例子有安索夫矩阵和波士顿矩阵。如图 30 所示安索夫矩阵设定了产品和市场这两个主轴，并按性质将其分为“现有”和“新增”两个属性。这样一来就可以将其分为 4 个象限。并分别在每个象限中清楚地写出它们各自具有代表性的可发展选项（措施）。

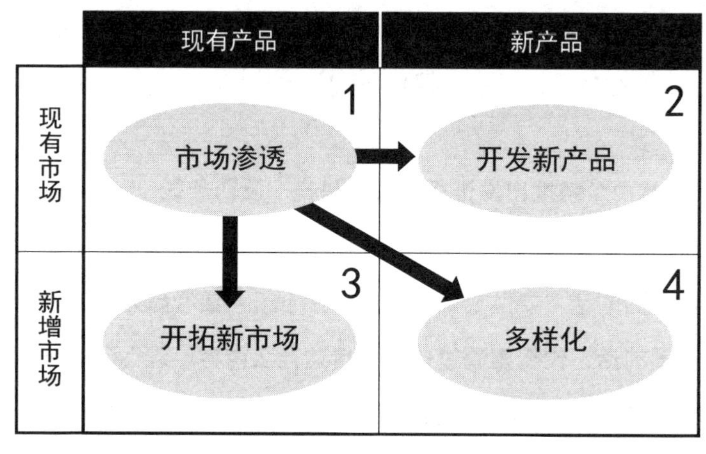

图 30　安索夫矩阵

比如说第一象限就是“现有市场 × 现有产品”，在这里的可发展选项就是市场渗透。第二象限就是“现有市场 × 新产品”，在这里的可发展选项就是开发新产品。第三象限就是“新市场 × 现有产品”，在这里的可发展选项就是开拓新市场。最后的第四象限就是“新市场 × 新产品”，在这里的可发展选项（狭义方面）就是商品多样化。

波士顿矩阵又称 BCG 矩阵，它是一种帮助公司在各项业务之间分配资源的方法。如图 31 所示，纵轴为市场增长率，而横轴为相对市场份额，从而把产品分别定位到 4 个象限中。并且，在图中还分别标示出了应该如何分配经营资源。

位于“市场增长率高 × 市场份额低”象限的产品为“问题类”产品。虽然这种产品有可能赚钱，但是需要较多的投资。位

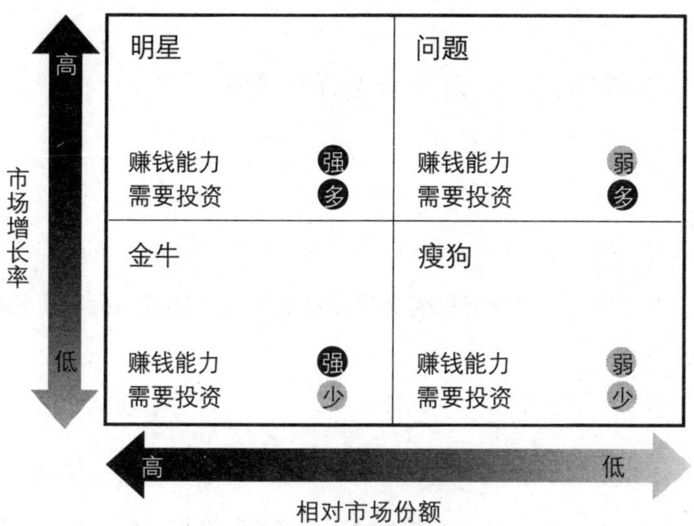

图 31　波士顿矩阵

于"市场增长率低 × 市场份额低"象限的产品为"瘦狗类"产品，这种情况下要考虑退出这个产品市场。位于"市场增长率高 × 市场份额高"象限的产品为"明星类"产品，这种产品拥有很强的赚钱能力。最后位于"市场增长率低 × 市场份额高"象限的产品为"金牛类"产品，面对这种产品，应尽可能地控制投资，创造利益。

像这样，如果能够找到有效的衡量体系的话，我们就可以快速解决课题。那么接下来，让我们看几个例子吧。

销售规模的扩大，会带来怎样的变化

下面是将销售额和利润率作为散点图绘制的图 32。这是将我调查过的土木工程公司的数据简单易懂地表现出来的图。随着销售额的增加，**也就是随着销售规模的扩大，利润率会发生怎样的变化呢？**

原本，土木工程公司的核心业务是订单的接收处理，所以应该是不容易倒闭的。不过确实也有土木工程公司倒闭的实例。当时我想找到其中的原因。**通过找到“销售额”和“利润率”这两个简单的变量，我们就可以一目了然地了解到土木工程公司在业界的情况。**

接下来我将对注文住宅（购置土地后，由顾客自己设计房屋）的商业模式进行说明。建造注文住宅的土木工程公司，像上述所说的那样基本上是难以倒闭的。要说为什么，是因为他们会预测顾客的需求，并根据顾客的需求提出符合他们利益的方案。如果他们提出的这个方案得到顾客的认可的话，就一定会产生利益。

但是，也存在一些风险因素。比如，竞争。如果是小型的土木工程公司被卷入同行业的竞争当中的话，所能获得的利益就很容易变少。

与此同时，公司有可能会花费超出预期的成本，由此就会导致小型土木工程公司的利润率低下。随着其规模的扩大，利润率才会逐渐提升。

不过，在我绘制数据图的时候发现，规模较大的公司的利润率有时也是较为低下的。

这主要有两个原因。一个是**随着规模的扩大，公司的间接成本会随之提高。比如说公司的员工数会增加**。与公司规模相反，公司间接人员增多的话，利润率就会下降。

第二个原因是因为注文住宅需要与顾客进行数次的商讨，会花费很大的工夫，所以利润率绝对称不上高。所以除了注文住宅之外，一部分公司还向建卖住宅（公司在土地上建好住宅之后将土地和住宅一起卖给顾客）的领域进军。在建造建卖住宅时不是与顾客进行商讨，而是公司自己决定房屋样式后建造房屋，这样一来就能降低材料成本。如果能够顺利地购买土地并顺利地出售住宅的话，公司利润率就会有所提高。

从从事注文住宅事业的经营者的角度来看，建卖住宅事业看起来好像能够轻松地赚钱。**但是，这个世界上没有稳赚不赔的事情**。从土地的购入到住宅的实际售出之间存在一个时间差，因此公司需要承担这个时间差所带来的成本利息。而为了出售住宅，公司还会有促销费用，甚至根据情况，还需要对住宅进行降价处理。这与注文住宅相比，需要承担更高的风险。

通过图 32 的分布图我们可以了解到，中等规模的土木公司的利润率是较为低下的。处于这个规模范围的土木公司存在着倒

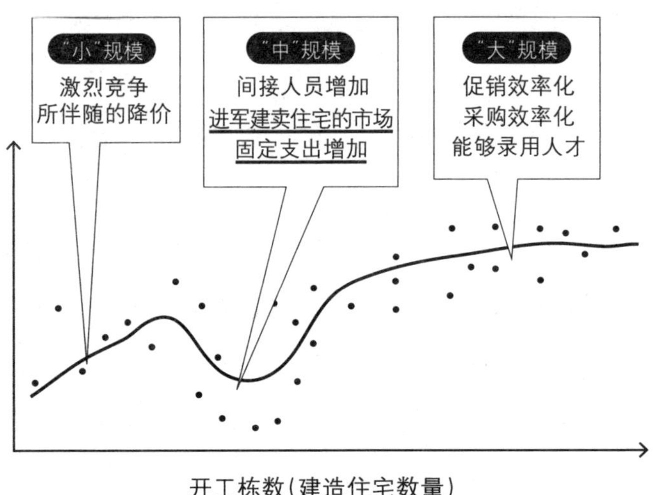

图 32　土木工程公司的销售额与利润率的分布（设想）

闭的风险。

但如果公司规模扩大的话，就能够有效规避这些风险。最终利润率也会有所提高。把销售额和利润率以散布图的形式表现出来，我们就能够得到像这样的对今后的交易有所帮助的参考数据。

为什么要用不同的方式对待大客户和小客户

请大家再次看看图 21。这个图的横轴表示的是交易额（业绩）的排名，纵轴表示的是累计利润率。虽然每个公司的具体情况都会有所不同，但是从这个图中我们可以了解到两件事情。第一件比较出乎预料，就是公司与很多顾客的实际交易利润为赤字。另一件是两成左右的顾客带来了八成以上的利润。

我们可以看到特定的顾客群体带来了大部分的销售额，创造出了大部分的利润。同时我们也需要对带来赤字利润的顾客群体进行详细的分析。**我们可以将带来赤字的顾客群体分为恶劣性质的赤字顾客和战略性质的赤字顾客。**恶劣性质的赤字顾客是指要求降价和提供过剩服务的顾客群体。战略性质的赤字顾客是以新增顾客为代表的顾客群体。两者的区别在于，与战略性质的赤字顾客之间的交易利润，在之后是有可能增加的。

比较好的做法是，在交易利润的数据中，附上赤字顾客的名单，并在每家公司逐一进行确认。很多情况下，即使公司现在与原先的大客户之间的交易利润有所减少，甚至出现赤字，但仍会对其提供之前的服务和折扣。面对这样的顾客群体，如何制定出应对策略并付诸实践是十分重要的。

如何看待高收入人群和低收入人群

图 33 是以横轴为年龄，以纵轴为工资绘制出的图。图表中准确地绘制出了中层管理人员、高级管理人员所对应年龄及工资。

位于从左下到右上逐渐上升的框架之上的人，可以被称为晋升速度快的“高收入人员”群体。

与此相对，位于框架之下的人晋升速度慢，我们可以称其为收入较低的“低收入人员”群体。

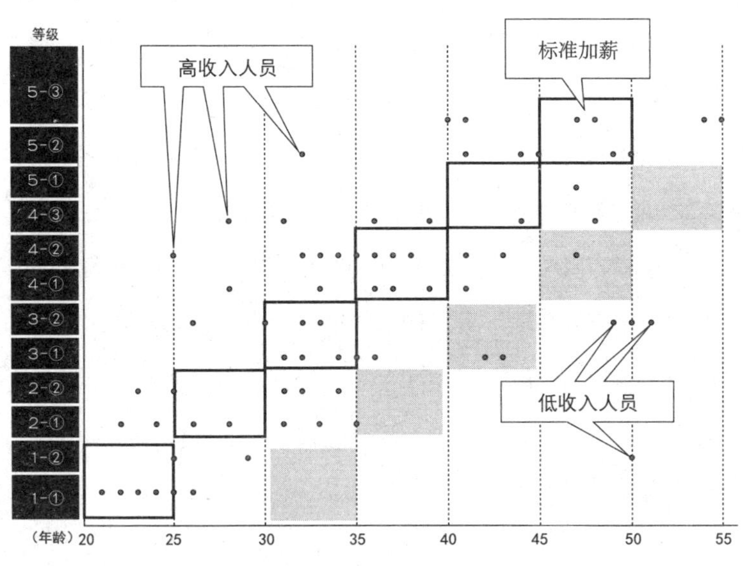

图 33 职员的工资

虽然仅凭这份数据就决定出高收入群体和低收入群体是毫无道理可言的，但是作为简单制作的原始资料而言，它仍具有一定的参考价值。

提升赚钱嗅觉的技巧 3——增加数据的积累

读懂大数据，看清市场动向

日本的数据来源是十分丰富的。如果知道一些大概的数据或者知道在哪里可以收集这些数据的话，**就能提高费米推定和假设的精确度。**假设的精确度得到提高，采取的措施的精确度也会得到提高。这就会提高我们的赚钱嗅觉。

在学习了解与企业相关的数据时，日本“经济产业省厅”的主页是一个很方便的渠道。比如其中就有“2016 年日本经济普查统计”这样的资料。这是在 2018 年 6 月份公布的资料，根据这份资料我们就可以将其与 2011 年进行的上一次调查进行对比，从而对其中的一些关键数据进行确认。

首先是**与销售额相关的数据。**2016 年日本的国民收入约为

1 625 兆日元（与 2011 年相比增加了 22%）。这个数值与 5 年前相比增加了大约两成。5 年的时间增加两成，也就可以计算出每年增加了 4%。

相同的附加价值额大约为 290 兆日元（与 2011 年相比增加了 18%）。可以计算出附加价值额每年增加超过 3%。这是一个相当可喜的数字。

顺便一提，这里的"附加价值额"是在营业利润中加入了人工费和税收等所得到的数值。

在进行产业间的比较时，附加价值额和营业利润之间的区别主要在于雇用人员的工资费用（人工费）。如果把市场行业归类为"劳动密集型""资本密集型""知识密集型"产业的话，资本密集型产业（制造业）的附加价值额和营业利润的差距较小；但是由于劳动密集型产业（护理、教育等）的劳动分配率（附加价值额中的工资总额）较高，所以与营业利润相比，附加价值额会相对更高。

比如教育行业就是一个附加价值额很高的行业。这是因为虽然这个行业的劳动分配率很高，但是劳动效率并不高。所以大多数低收入人群所在的都是这样的劳动密集型行业。护理行业也是如此。

与其相对，知识密集型（信息通信、专业服务等）行业是劳动者获取附加值的源泉，在这类行业中，员工的劳动生产性（员工人均的附加价值额）也容易得到提升。

接下来，从行业销售额的前三名来看，第一名是批发业、零售业的 500 兆日元，第二名是制造业的 396 兆日元，第三名是金融业、保险业的 125 兆日元。**排名前三位的行业销售额超过了全部行业销售额的六成。**我们就能了解到第三产业的销售额占据了所有产业销售额的大约七成。

从销售额超过 1 亿日元的企业数量来看，批发业、零售业大约有 20 万家，建筑业、制造业分别有 11 万多家。

另一方面，从附加价值额来看，制造业为 69 兆日元，批发业、零售业为 54 兆日元，建筑业为 21 兆日元。**排名前三位的行业附加价值额占据了整体行业附加价值额的不到五成。**

接下来让我们看一下企业数、事务所数和员工数。企业数为 385 万家企业（与 2012 年 2 月相比减少了 6.6%）。事务所数为 558 万家事务所（与 2012 年 2 月相比减少了 3.3%）。员工数为 5 687 万名员工（与 2012 年 2 月相比增加了 2%）。虽然企业数和事务所数都有所减少，但是员工数是有所增多的。（以上内容请参考图 34）

根据都道府县（日本的行政划分）的不同来进行比较，东京有 68 万家事务所，大阪有 42 万家事务所，爱知有 32 万家事务所。**排在前三位的事务所数占据了全国事务所数量的 1/4。**于是，我们就能了解到事务所主要是向东京、大阪、名古屋地区集中。与 2012 年的数据进行比较，我们会发现在全国 47 个都道府县中，实际上有 45 个都道府县的事务所是在减少的。事务所数

日本国民

· 国民收入约为1 625兆日元，与5年前相比**增加了两成**

· 附加价值额大约为290兆日元

与5年前相比增加了**不到两成**

不同行业间

销售额

· 批发业、零售业为500兆日元
· 制造业为396兆日元
· 金融业、保险业为125兆日元

⇒排名前3位的行业销售额占据了全部行业销售额的六成多

销售额超过1亿日元的企业数量

· 批发业、零售业为20万家
· 建筑业、制造业各为11万多家

附加价值额

· 制造业为69兆日元
· 批发业、零售业为54兆日元
· 建筑业为21兆日元

企业数量	事务所数量	员工数量
385万家企业	558万家事务所	5 687万人

图 34　日本产业的概要

量有所增加的，只有增加了 3.9% 的宫城和增加了 0.5% 的冲绳两地。事务所减少率较高的有减少 6.5% 的熊本，减少 5.7% 的京都和歌山。

通过员工数量来看，批发业、零售业的员工数为 1 184 万人，占据了整体从业人员数量的 20%，也就是说每 5 个人当中就会有 1 人从事批发业、零售业。处于第 2 位的是制造业的 886 万人，超过了整体从业人员数量的 15%。处于第 3 位的是医疗、福利事业的 737 万人，占据了整体从业人员数量的 13%。从事这 3 种行业的人数大约占据了所有行业员工数的 5 成。

只要知道了这些数值或者知道在哪里可以收集到这些数值的话，就能提高费米推定和假设的精确度。除此之外，我们还有可能检查出偶然获得的数据是否正确。

通过“构成比”，看到公司差距

前面我们接触到了关于日本企业的一些大致数据。接下来，我将为大家介绍对多家企业进行比较的方法。

正如前文所说，“比较”是非常有效的技巧。在表 2 上方的表中记载了令人感到惊讶的两家公司的盈亏表。在同一行业，两家公司的盈亏情况竟如此不同！ A 公司创造出了很大的利润，而 B 公司却亏损严重。

但如果是以实际数值进行对比的话，比如两家公司的销售规模间的差距大约高达 6 倍（分别为 61 332 万日元和 9 158 万日元），就很难进行比较了。因此，要使用与销售额相对的“**构成比**”来对公司内的各个项目进行比较。其结果如表 2 下方的表所示。

像这样使用构成比来进行比较的话，即使是销售规模不同的两家公司也很容易对其进行比较。

让我们从盈亏表的下方开始浏览。当期纯利润 A 公司为 6%，B 公司为－19%。它们之间的差距为 25%。很难想象出这个数值是同一行业的两家公司之间的差距。在这个差值中有 8% 是因为 B 公司的非常损失（由于非常事故所引起的各项损失。如火灾、水灾带来的损失）所导致的。因为是非常损失，所以我们可以认为这个损失是只有今年才会出现的短暂性的损失。

表 2　通过构成比，对同行业的盈亏表进行比较

地图行业的两家公司的盈亏表

单位：万日元

	A公司	B公司
销售额	61 332	9 158
销售成本	35 345	7 093
销售总利润	25 986	2 065
销售管理费	20 544	3 193
人工费	11 776	1 499
营业利润	5 441	−1 060
营业外收益	507	112
营业外支出	86	69
利润总额	5 863	−1 018
非常利润	15	2
非常损失	52	713
税前利润	5 526	−1 728
当期纯利润	3 447	−1 768

用与销售额相对的构成比来进行比较的话
就可以明确问题点

	A公司	B公司	差距
销售额	100%	100%	0%
销售成本	58%	77%	−21%
销售总利润	42%	23%	19%
销售管理费	33%	35%	−2%
人工费	19%	16%	3%
营业利润	9%	−12%	21%
营业外收益	1%	1%	0%
营业外支出	0%	1%	−1%
利润总额	10%	−11%	21%
非常利润	0%	0%	0%
非常损失	0%	8%	−8%
税前利润	9%	−19%	28%
当期纯利润	6%	−19%	25%

上述两家公司的利润总额、营业利润、销售总利润的差异约为20%。也就是说，**利润之间的差异，代表着成本之间的差异。**

我们可以看出B公司应该采取的措施是削减成本。

因为当时我对为何这两家公司的盈亏会产生如此之大的差距很感兴趣，所以我看了这两家公司公布的决算报告。

虽然这两家公司都是地图行业，但是占据A公司整体销售额八成的地图数据库事业呈现的是一个增收增益的状态。决算书上记载的原因，是其国内导航数据的销售十分顺利。

与此相对，在B公司的销售额中，有一半都是在市场上销售的出版产品所带来的，而这种产品带来的销售额在逐渐减少。而且，也有记载在占据B公司整体销售额不到三成的电子产品的销售额中，与简易型汽车导航相关的产品销售额也在减少。我们也就了解到A、B两家公司导航事业的业绩也存在着差别。

与此同时，在当时的年度业绩计划中，A公司和B公司都提出了增收增益的目标。特别是B公司提出了通过将成本降低11%，从而实现盈余的目标。

但是，在新一轮的销售开始之后到第三、四季度销售计划结束的年末期间，B公司公布了对当初的计划目标做出下调的决定。虽然当时B公司的销售额稍有增长，收益比起上一期而言有所改善，但是预测出当时的最后决算仍为赤字。与此同时B公司还宣称将要裁掉一成多的员工。

通过表2下方的表我们可以发现B公司的人工费并不是很

高，所以这个裁员的措施所能起到的作用是有限的。比起裁员，进一步削减成本才更为重要。与此相对，A 公司在当时的上半年就达到了过去的最高收益，预计可以顺利达成当时的目标。

用与销售额相对的构成比对同行业的两家公司的盈亏表进行比较，再加上各公司的决算报告中的定性数据，相信大家就能够理解并想象出这两家公司的实际情况。

为什么有钱人会越来越有钱

大家是否知道托马斯·皮凯蒂所著的《21世纪资本论》这本书？因为这本书曾一度成为话题，所以应该有不少人知道或者读过这本书。在这里我想向大家介绍书中提出的一个有名的不等式。

r>g

r是指资本增长率，g是指经济增长率。

大致来说，就是这个不等式证明了**在资本主义社会中，有钱的人会越来越有钱，而贫穷的人会一直贫穷下去。**

我来进行一下说明。r这一资本增长率是指投资家和炒房者通过股票、投资信托、不动产等投资获得的利润率。这个利润率大致以每年4%～5%的速度增长。

另一方面，g是指公司职员和银行职员等通过劳动获得的工资增长率。同样大致以每年1%～2%的速度增长。

大家乍一看这个数据，可能会觉得自己通过直觉也能够判断出来。但是皮凯蒂的厉害之处在于，他主要收集了从1800年到2000年的超过20个国家的数据，其中甚至包括了在GDP这个概念出现之前的数据，从而证实他提出的这个不等式。

持有财产的父母，如果让孩子将财产代代继承下去，孩子只要把继承到的财产用于投资，即使不工作财富也会增加。这就使其与那些没有财产的劳动者之间的差距越来越大。这样一来，汗水淋漓地拼命工作的人就变得像个傻瓜一样。出生时的条件便决定了这个人今后的富足情况。

可以说，这个不等式简单易懂地表示出了“对股票、投资信托、不动产等的长期投资会创造出利益”这件事。

以前，我听说过一个“**钱是寂寞鬼**”的故事。因为钱是寂寞鬼，所以不会存在于只有数枚钞票的地方，而是会聚集到存有很多金钱的地方。这也正符合皮凯蒂的观点。

现在大家知道了这个不等式，说不定这就会成为未来大家的灵感的来源。

专栏 如何利用数据减肥

说到“减肥与数据”，我脑中浮现出的是冈田斗司夫先生在2007年出版的《肥胖不再来》一书中提出的有名的记录式减肥方法。通过这个方法他成功地从120 kg减到55 kg。这个“记录式减肥法”正如字面意思，**仅仅通过进行记录就可以达到瘦身的目的。**

即使这本著作的出版时间已经超过了10年以上，但现在仍然可以在许多应用程序中看到这个减肥方法。我认为是因为“仅仅通过记录自己吃过的东西就可以起到减肥效果”的这一简单方法得到了大家的认可。这也是“**可视化**”的一种具体体现。

在这一方法中，最开始的步骤就是记录。记录自己吃过的东西、吃的时间和自己吃完后的体重。**将这些内容进行“可视化”之后就更容易抓住问题点。**工作也是同理。

比如“油腻的东西吃得多”“零食吃得多”“睡之前还吃”等问题点。一边注意这些问题，一边记录下自己吃过的东西的卡路里以及自己的体脂率。通过记录下吃过的东西的卡路里，就能够慢慢地掌握自己经常吃的食材的卡路里。这样一来就能够将自己每天摄取的卡路里总量“可视化”。

接下来要对自己每天摄入的卡路里总量设置一个上限。因为正常女性每天卡路里的摄入量为1 200 kcal，男性每天的摄入量为 1 500 kcal，所以减肥人士在习惯这个卡路里量之前可能会相当辛苦。而且通过数据对卡路里的摄取量进行控制的话会让人感觉到憋屈，有可能会导致不再想吃和原来一样的饭菜。在这种情况下，重点是**能否找到排遣这种郁闷心情的方法。**比如做一些轻微的运动或者找到自己感兴趣的事物等。

再来就是**开始与自己的身体对话。**比如在饭前对自己说“肚子真的饿了吗？”；在饭后对自己说“吃饱了吗？饭够吗？”；等等。因为自己设定了每日摄入卡路里的上限，所以一旦习惯了这个上限值的话就会越来越容易有饱腹感。能够坚持进行到这一步就相当不错了。只要接下来不暴饮暴食，就不用太担心体重的反弹。

进行记录时的要点，是不要攒到晚上一口气写下来。**重要的是每次吃完东西之后（包括吃零食）都进行记录。**若能养成每次都进行记录的这个习惯的话，减肥就会变得轻松有趣。

而为了养成这一习惯，“报酬”是必要的。比如，使用自己喜爱的笔和笔记本进行记录的话心情就会变得舒畅。

这本书里的减肥与数据的相关内容中，**“进食顺序”减肥法**也非常有名。这个方法也很容易进行，仅仅想好进食的顺序就可以起到减肥的效果。顺序为：①汤菜类→②食物纤维→③蛋白质→④碳水化合物。

首先吃容易囤积在肚子里的汤菜，有利于让自己产生饱腹感。其次是吃食物纤维，可以有效抑制血糖值的上升。如果血糖值升高的话就容易吸收脂肪。通过吃食物纤维，可以有效预防这一点。

排在第三位的是肉类和鱼类等主菜。接下来就是最后的碳水化合物。最后吃碳水化合物，是这个“进食顺序”的最大要点。如果是空腹状态下进食碳水化合物的话，血糖值就会上升，从而变得容易吸收脂肪。

同时，由于是最后进食碳水化合物，所以也会减少碳水化合物的摄入。

在这里的减肥方法中，只要记住①汤菜类→②食物纤维→③蛋白质→④碳水化合物的顺序就足够了，而且实际做起来会更加简单。

我自己通过进食顺序减肥法和体重记录的方法，连续 10 年左右将体重波动保持在正负 1 kg ~ 2 kg。因为我喜欢喝葡萄酒，所以为了在长久地保持健康的同时还能继续喝下去，我会继续控制好自己的体重。

第 4 章

分享数据，
营造强大说服力和影响力

- 改变他人看法的技巧 1——用数据管理时间
- 改变他人看法的技巧 2——用数据管理对话
- 改变他人看法的技巧 3——将数据可视化

在第 4 章中我将对“改变他人想法的领导者的数据能力”进行说明。**不仅是在商务方面，在想要推进事物发展的时候，归根结底还是在于“人”。**上司、下属、客户、同事、家人、邻居等等，只有将自己的想法准确地传达给他们，并让他们和自己一起行动起来才能够推进事物的发展。

我对到现在为止说明过的“数值化”“可视化”“因数分解”“双主轴思考”等内容进行了有效利用之后，总结出了能够改变他人想法的技巧，要点有三，分别是“时间管理”“对话能力”和“可视化”(参考图 35)。

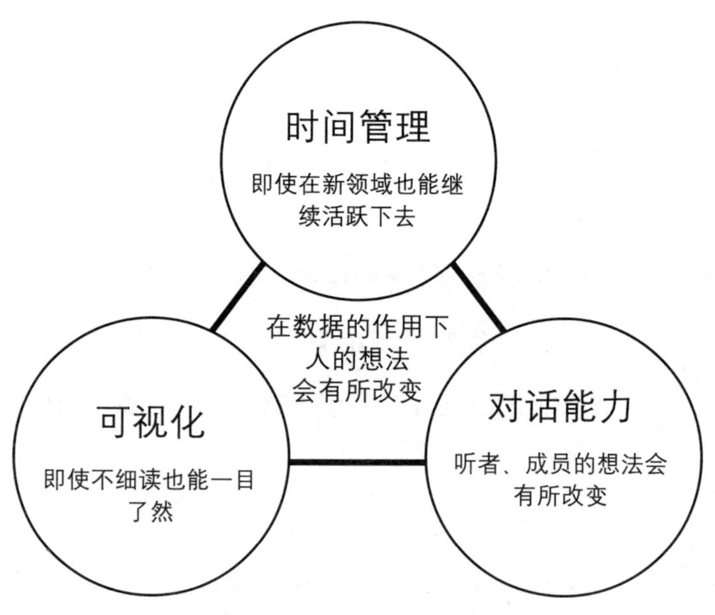

图 35　在第 4 章中进行讲解的 3 个观点

改变他人看法的技巧 1——用数据管理时间

在规定时间内完成任务，会赢得人们的信任

我相信有些人有过被调职到未曾涉足的领域，或者在调职的地方担任领导一职的经历。这种情况下，我们需要提前想到几个数字。

也就是 Day0、Day1、Day30 以及 Day100。

它们正如字面意思，分别是第 0 天、第 1 天、第 30 天以及第 100 天。**在新职场就职的时候，在这些日子，或者在这些日子来临之前我们应该采取怎样的行动呢？**这些数字给出了我们明确的方向。

接下来我谈谈我自身的经历。我在 RECRUIT 工作的时候，在没有住宅行业经验和店铺运营经验的情况下成了 SUUMO 房屋租赁这一新事业的负责人。SUUMO 房屋租赁是注文住宅和新

建公寓的信息咨询处，现在已经扩展到了100多家店面，成了RECRUIT住宅公司的骨干事业之一。但是在我刚上任的时候仅有5家店面。

我接下来要讲的内容是在日经商业研讨会“发展新事业的管理能力”上，企业内部对新事业的实行方法的讨论内容概要。

课题是**“如果你担任SUUMO房屋租赁的负责人一职”**。

你在接到调职通知之后，情况如下：

1. 该事业发起者的上一任负责人调职到本部的规划部门，你继任住宅行业的负责人一职。

2. 在这个新行业你完全没有人脉，在公司成员当中没有熟人，对于顾客也一无所知。

3. 你已经制定出了较高的事业目标（销售额、分店数）。

这是相当严峻的状况。你不了解行业，也不认识团队成员和顾客。而且因为这是一项新事业，所以被赋予了很高的期待。在这样的情况下你要做什么？这就是本次的课题。

Day0是指，在就任前需要做什么。

Day1是指，在就任当天要向新成员传达什么内容。

Day30是指，在就任30天内要做什么事情。（得到成员和股东的信赖，并获得短期成果）

Day100是指，在就任3个月内的时间里要做什么事情。（显

著成果）

如果是你的话会怎么做呢？

我当时做的事情如下。希望我的经验对大家有所帮助：

Day0：把握部门整体的现状。

Day1：告诉成员我是谁。

Day30：与每个成员进行一对一的面谈，并与部门的主要成员对实现事业计划目标的概率进行确认。

Day100：通过短期成果获得管理层和成员的信任，从而为长期成果的获得奠定基础。

它们各自的要点分别如下：

把握事业现状→告诉成员自己是谁以及自己看重什么事情→了解成员的特点→确认短期时间内工作的重点→获得成果，取得信任→为长期的发展进行准备。

我来进行一下详细说明。在Day0的时间点，也就是在和上一任负责人碰面之前，我尽可能地从公司的利害相关方（相关人员）处收集了信息，而且是尽可能地按照**先从与新事业关系不大的人开始的顺序**进行信息的收集。这是因为与新事业的关系不大也就意味着双方的相关利害关系较少，他们就容易对自己说出真实的想法。在这之后，按照顺序听取与新事业相关的人员的想法，最后再听取关键人物的想法。

与此同时，我还浏览了大量过去的经营会议资料，了解到这个事业的历史背景以及相关的决策倾向。这里的倾向是指，在做决策时是谨小慎微，还是承担风险等。部门与人一样在进行判断的时候会有所倾向。

当然我也阅读了相关书籍。通过这些措施我对整个事业的现状有了大致的把握。在准备好这些事情的基础上，我接替了上一任负责人的职务。

接下来在 Day1 的时间点，**我通过口头和邮件的形式告诉了成员我是谁。**在我把自己的“职务履历表”发送给成员的同时，还将总结好的个人管理观念一并发送给了成员。而且向成员传达出了我的核心理念——享受变化。新事业不可避免地是会发生改变的。同时因为部门的领导发生了改变，所以接下来的工作也会发生改变。我希望每个成员都认识到这个变化是理所应当的。

接下来到 Day30 为止的时间内，**我通过与所有成员进行一对一的面谈，了解到了他们的为人以及对于工作的想法。**同时在这个阶段弄清楚了他们对于新事业的期待与不安。

总的来说，该部门的成员大多都是心地善良的人。这在当时帮了大忙。

我接下来与核心成员召开了会议。在这个会议上对是否能够达成较高的事业计划目标进行了确认。因为我自己也知道如果把目标设定得太高的话不一定能够达成。通过会议，我遗憾地意识到无法轻易达成当时的目标。

于是，在计划刚开始的时候我就对目标进行了下调，并立刻将难以达成目标的结论传达给了管理层。在这之后我得到了成员和管理层的很高评价。

在当时，我也收到了“明明计划才刚开始不久，现在就投降说达不到目标？”这样的否定的声音。但是，“如果我是经营者的话，越是坏消息我就越会早日传达出去”，我将这个想法传达给了当时提出反对意见的人，将反对的声音压了下去。这件事情也是我能够获取信任的理由之一。

接下来就是 3 个月的时间。**在 Day100 的时间里，我找到了这个事业的 KPI（Key Performance Indicator），并通过研究，明确提出了这个事业有发展的可能性。**

通过这件事我进一步获得了管理层和成员的信任。这真是千钧一发。如果再晚几个月的话，别说是管理层，我甚至有可能会失去成员的信任。

在 Day100 的时间里成员对自己印象的形成是非常重要的。希望我的经验对大家有所帮助。

像这样自己在调职到过去不曾涉足的部门时，“**10 本书与 3 本书**”的方法是我获取相关信息的重要法宝。与此相关的内容我会总结在接下来的专栏中。

专栏 如何在短时间内获得大量自我提升

我在 RECRUIT 工作的时候，有过各式各样的调职经历。在这里我特意写出“各式各样”，是因为我的很多调职经历是调职到完全不了解的部门当中。在面临调职时，我有着自己的习惯。

在调职通知下达之后，我最先做的事情，并不是像前面所说的听取关键人员提供的信息。在此之前，我会先**制作出能够俯瞰调职部门市场全景的“地图”。**

为什么在听取关键人员提供的信息之前我要先制作出地图呢？当然听取关键人员提供的信息是很重要的。但是，**如果在最开始就听取的话，会容易受到他们提供的信息的影响。**而且，因为最开始在脑海中没有能够对听取的信息进行整理的“框架”，所以很容易会将重要的信息和不重要的信息掺杂在一起。

并且，不管花费多少时间，我也不可能掌握关键人员所知道的全部信息。这样说是因为，即使从关键人物处听取信息后，我最多也只能得到一部分相关内容。所以为了避免这种情况，我决定自己制作地图。在这之后听取关键人员提供的信息就可以了。

虽然每家公司可能不太一样，但是大体上调职通知大概会提前一个月下达。在这一个多月的时间里，我以自己的速度最多可以阅读 10 本书。这里写“最多 10 本”是因为受到当时的心境等影响，我也可能无法连续阅读 10 本与工作相关的书籍。

但是，“10 本书”的这个数字非常重要。从我过去的经验来看，**阅读了某领域的 10 本书籍后，大致上就可以制成这个领域的地图了。**

那么，选择怎样的书籍比较好呢？

首先是通过新领域的关键词来挑选书籍。因为书籍有书评和总结，所以我们可以以此为参考缩小范围。这里的**基准就是书评和总结。书评和总结越多，这本书就越值得推荐。**

接下来，用书籍的目录和摘要等内容丰富自己的想象力。将书籍限定到一定范围之后，最开始从中挑选出 3 本来读。如果这一步能够顺利进行下去的话，就可以制成新领域的地图概要。

曾经，编辑工学研究所的松冈正刚先生和书店合作的时候，按照每个特定的领域摆放三本推荐书籍的形式，创造出了一个崭新的销售方法。虽然我这个挑三本新领域书籍的做法和这里的方法碰巧相同，但是我这个方法得到了松冈正刚先生的称赞。

我在挑选 3 本书籍的时候，非常注重以下原则。**一本是要说明这个新领域的整体概要的书籍；一本是要从过去流传到现在的书籍；一本是要说明最前沿的关键词的书籍。**也就是说，在把握新领域的整体概要的基础之上，对新领域的过去和未来有一个立体式的了解。剩下的 7 本书籍，从最开始的 3 本书籍中选出自己感兴趣的关键词及相关内容再入手会比较好。或者，在最开始无法选出很多书籍时，通过阅读这 3 本推荐的有着最为基础的信息的书籍，也有助于加深对新领域的了解。

这就是在挑战新领域时的“10 本书与 3 本书”的方法。如果对大家有所帮助的话就再好不过了。

用数据思考职业生涯，会带来全新的启发

最近，四五十岁的人更换工作的情况越来越多。原本这个年龄阶层的人是不怎么喜欢变动的。但是他们考虑到各自的职业生涯，从而决定更换工作。

我自己也是如此。我毕业后进入 RECRUIT 公司工作了 29 年，并在 50 岁的时候更换了工作。我决定更换工作的理由在于**“人生百年的时间”“健康寿命”和“企业寿命”**这三个数据。“人生百年的时间”是出现在琳达·格拉顿的畅销书籍《百岁人生：长寿时代的生活和工作》中的关键词。我相信有很多人知道。

发达国家的人口平均寿命在逐渐延长，不久就要超过 100 岁了。除此之外，人们能够保持健康生活的“健康寿命”也在延长。也就是说，原来的人口平均寿命是 80 岁的时候，人们的退休年龄为 60 岁、65 岁，但因为现在的平均寿命为 100 岁，所以人们的退休年龄有可能延长到 80 岁。

原本，退休制度就是在人口平均寿命为 60 岁左右的时候制定出来的，这是为了人们能够在人生最后 5 年左右的时间里不再工作，好好地享受剩下的时间。而现在人口平均寿命延长了 40 年，但退休年龄只延长了 5~10 年，所以这两者之间就会产生差距。

但是，如果平均寿命、健康寿命有所延长的话，今后就有可能延长退休年龄，因此就可以在同一家公司持续地工作下去。这样一来，就没有必要更换工作了。

不过除此之外，还会发生另一个重要的变化。那就是**“企业寿命”的缩短。**虽然这种现象在日本企业中还没有出现，但是现在美国上市企业的寿命在逐渐缩短。据推测，今后美国上市企业的寿命为 20 年左右。请试着想象一下这种现象出现在日本的情形。

如果一个人从 20 岁工作到 80 岁的话，那么他就会工作 60 年。**如果企业的平均寿命为 20 年的话，就可以简单地计算出这个人至少也要更换 3 次工作。**

日本的劳动人口正在不断减少。除了高龄者、女性、外国人的就业人数增加之外，还需要机器人及 AI 代替减少的劳动人口。女性的就业率在近些年大幅上升，但是机器人和 AI 的发展并不如当初预想般那样顺利。这样一来，**外国人和高龄者就成了两大重要的劳动来源。**这样考虑的话，与过去相比，高龄者换工作就变得更加容易了。

现在的劳动市场环境对于高龄者更换工作而言是有利的。但是，如果明明没有更换工作的经验却必须要更换工作的话，就需要花费难以想象的时间去适应新职场。而对于高龄者而言就更是如此了。

换言之，想要尽可能在年轻的时候积累更换工作的经验的想法也就不难理解了。

我也是如此，而且在大家的周围应该也存在着这样的人吧？

将“人生百年的时间”“健康寿命”“企业寿命”这三个信息进行整合，就可以对自己今后的工作动向进行预测。

请大家也试着对信息加以整合进行推测想象吧。

改变他人看法的技巧 2——用数据管理对话

数据比阐述更有说服力

在前面我曾说过，在新职场中的 Day1 我会告诉成员“我是谁”。大家除了在调职时会进行自我介绍以外，在发表提案和进行演讲时也会进行自我介绍。这种时候大家会进行怎样的准备呢？

我曾发表过很多提案。发表的目的并不是为了告诉大家自己提案的内容，而是通过发表，**让目标人物按照自己的想法改变态度（行动）。**演讲也是如此。

因为自我介绍是在发表演讲的开头，所以自我介绍的优劣对整个演讲有着很大的影响。当然也会影响目标人物态度的变化。在进行自我介绍时要尽可能做到让别人认为**“这个人讲的内容值得一听”。**

我在 RECRUIT 工作时的最后一个上司是 RECRUIT WORKS 的研究所所长大久保幸夫先生。他会根据不同的目标使用不同的自我介绍。

大久保幸夫先生是人才培养领域的有识之士，他在政府机关和大型企业等各种各样的场合下都做过演讲。不过，**根据参加人员和演讲的主题等具体情况，他会对自我介绍的内容做出改变。**

比如说，如果是在政府机关发表演讲的话，他就会在自我介绍中不露声色地加上自己曾在什么样的政府机关中发表过演讲。或者，如果发表的主题是劳动方式的改革，他就会在自我介绍中列举出自己曾在什么样的场合下发表过这个主题的演讲。

听众在听过大久保幸夫先生的自我介绍之后，就**可以判断出他讲的内容值得一听。**

像大久保幸夫先生一样拥有丰富的经验是最好不过的，可是包括我在内的普通人并没有那样丰富的经验和值得一提的事情。**这种情况下，我们可以用"数据"进行替代。**

我来举一个例子。在图 36 中，记载了有无数据的我的两种自我介绍。主要内容都是一样的，不过，有数据的版本将其中各项内容的经验年限等用数据表现了出来。

在没有数据的版本中，记载的内容仅为我在 RECRUIT 工作、读过很多书、主持过 TTPS（"彻底、学习、进化"的简称）学习会、投寄过新闻稿、喜欢喝葡萄酒、喜欢健身、喜欢步行等。

在有数据的版本中，记载的内容为在 RECRUIT 中工作 29 年、连续 18 年每年读 100 本书、每月主持 TTPS 学习会累计 58 次、每个月投寄新闻稿超过 2 年、每年喝 300 次以上葡萄酒、连续 15 年每年去健身房锻炼 70 次以上、10 年里平均每天步行 1.5 万步以上。

无数据版本		有数据版本
工作		
在RECRUIT工作	⇒	工作29年
学习		
读过很多书	⇒	每周2本，每年100本以上（坚持18年）
主持过TTPS学习会	⇒	每月一次，累计58次（连续近5年）
投寄过新闻稿	⇒	每月一次（坚持2年）
休闲		
喜欢喝葡萄酒	⇒	每年喝300次以上（已超过20年）
去健身房锻炼	⇒	每周1~2次，每年70次以上（坚持15年）
每天步行	⇒	每日1.5万步以上（坚持10年）

图 36　我的自我介绍（无数据版本与有数据版本）

这两版本哪一个更让人印象深刻呢？很多情况下，我会将这种带有数据的自我介绍用于与 KPI 管理相关的演讲的开头。

这样一来，我作为一个演讲者就能够向听众传达出自己**擅长数据以及一件事情能够坚持下去的形象。**

对于KPI管理而言，数据是必不可少的，因而需要对自我介绍进行完善。我是抱有“希望大家从我这里了解与KPI相关的内容”这样的想法，从而使用了带有数据的自我介绍。

大家在进行演讲的时候也试着运用数据吧。

数值大的数据会给人深刻的印象。我就列举出了连续18年每年读100本书，以及已坚持10年每天步行1.5万步以上的例子。

同时，我也建议大家传达自己在某些领域排名第一，或者获过奖等其他在某一领域登堂入室的经历。**在某一领域有所造诣的人会给别人一种“这个人在其他领域说不定也会有所造诣”的印象。**

同时，我特别推荐使用与演讲相关的数据，或者可以帮助他人想象出其中关联性的内容。

首先，请试着从学生时代的回忆出发写出数据吧。然后按照顺序试着写出你至今为止的荣耀瞬间。这样一来你一定能够找到符合你自己的数据。

将目标拆解为数据，能增强执行力

接下来我要讲的是我在 RECRUIT 的横滨分公司担任销售经理时的事情。当时我的隔壁部门有一位资深销售经理 O 先生。

这是某个销售计划末期发生的事情。我所负责的部门幸运地达成了销售目标，但是 O 先生负责的部门在最后的一星期里仍然还有两周的销售额目标没有达成。这正可谓是穷途末路、火烧眉毛的情况。如果按照通常的想法来看，基本上是不可能达成目标了。

但是只有 O 先生没有放弃。他将剩下未达成的大额销售额进行因数分解，分为每个部门成员可以完成的份额。

成员恢复了斗志，为了达成目标开始行动起来。这正体现出**“想法发生改变，行动也会随之变化；行动发生改变，结果就会改变”**。

当时 O 先生所在的部门中有 10 名成员。剩下 1 周的时间里还需要达成 4 000 万日元的销售额。从成员的角度来看，通过销售单价为 10 万日元的商品来达到剩下的 4 000 万日元的销售额是不可能做到的。因为部门每周的平均销售额为 2 000 万日元左右，所以在剩下的一周时间里必须要将销售额提高到原来的两倍。而且在成员看来，至今为止能做的事已经全部都做了，事到如今，无论做什么事情都是白费。

在这样的情况下，O 先生在会议上改变了成员的想法。具体过程如下。

O：还剩下一周的时间，这期的销售计划就要结束了，我们要怎么度过这一星期呢？

没有一个成员抬起头，他们都在假装看自己手边的资料。很明显，成员都放弃了。

O：让我们再次确认一下剩下的目标数额吧。小 A 来告诉我还剩多少？

A：剩余目标数额是 4 000 万日元。

O：这样啊。那么销售时间还剩下几天？小 B 来告诉我一下。

B：还有 5 天。

O：这样一来每天需要达成多少的销售额呢？小 B 来计算一下。

B：每天需要达成的销售额为 4 000 万日元除以 5 天的时间，也就是 800 万日元。

O：这样一来每人每天需要达成多少的销售额呢？小 C 来计算一下。

C：因为我们部门有 10 人，所以 800 万日元除以 10 人，也就是 80 万日元。

O：原来如此。那么每人每小时的销售额需要达到多少呢？

小D来告诉我一下。

D：如果每天的工作时间为8小时的话，每人每小时的销售额需要达到10万日元。

成员稍微抬起了头。

O：有没有可能每小时接到10万日元的订单呢？小E怎么看？

E：如果在1小时的时间内能够与两家公司进行商谈的话，就有很大的可能从其中的一家公司中获得10万日元的订单。虽然需要我们每人每小时的平均销售额达到10万日元，但是也有可能有顾客用其公司的期末预算为我们带来大宗的广告订单。这样一来所需的订单数会进一步减少。

O：原来如此。也就是说如果大家能够做到每小时接到10万日元的订单的话，这个剩下的销售目标是很有可能达成的。顺便问一下大家每人每分钟需要达成多少的销售额呢？小E来回答一下。

E：（一边笑着）O先生，已经没问题了。我们感觉自己能够达成剩下的销售目标。可能，大家一边确认每小时10个人的销售情况和剩余销售目标，一边进行倒计时会更有趣。大家觉得怎么样？

销售人员：确实如此。反正是最后一周了，就试着再努力一把吧。

接下来，团队成员的想法、行动转变，最终结果也随之变化，他们出色地达成了目标。这可谓是奇迹，是皆大欢喜的结局。

只听到这个故事的话，说得好听点是O先生对成员施加了魔法，说得难听点可能有人认为O先生是给成员洗脑了。或者，可能也有人认为人不会如此单纯地改变想法。我并不否定这些看法。

但比起这些，更为重要的是，仅仅改变对成员的动员方法，成员就会改变原本的看法。我认为这是很棒的事情。**随着成员的行动发生改变，结果也会发生改变。**在当时我没有想到像O先生那样的说明方法。

虽然我是偶然参加了这个会议，但我感觉自己真的见证了奇迹。即使在最后的最后也没有放弃的领导者，真的是帅呆了。

我不清楚是否所有的情况都具有再现性。但是，在陷入穷途末路的时候请大家想起这个小故事。

因数分解，也就是将事物分解成“可携带的大小（每个人可以应对的程度）”，这成了O先生和成员一起创造出奇迹的契机。

改变他人看法的技巧 3——将数据可视化

成本可视化，能带来正确决断

正如我在第 3 章所说，经营者对事物进行价值判断的基准之一是“金钱”。这也是理所当然的。有一种说法叫作“量入为出”。这是前人的告诫，告诉我们要好好地计算出有多少销售额，并控制好支出。

如果说经营者的共通语言是“金钱”的话，那么**如果公司存在浪费的情况时，将其换算成金钱进行说明，经营者就很有可能做出正当的判断**。这并不仅限于经营者，但对经营者而言尤为有效。

在公司里存在着很多浪费之处，比如资料的制作以及会议的召开。但是，即使对公司职员说不要做没用的资料，不要开没用的会议，他们的想法也不会有太大的变化。那么试着将浪费之处换算成金钱使其“可视化”会怎样呢？这样一来ROI就会变得明确，最终职员就会开始考虑减少浪费。也就是说，通过将浪费之处换算成金钱使其“可视化”，就更容易改变职工的实际行动。

比如，有一个职员A的年收入为400万日元。为了方便计算，我们将其每年的劳动时间算作2 000小时。这样一来我们就可以计算出A的时薪约为2 000日元。以此类推，年收入为1 000万日元的管理层B的时薪约为5 000日元。年收入为2 000万日元的董事C的时薪约为1万日元。

假如5位与C时薪相同的董事共同召开了董事会。若董事会时长为3小时的话，人事费用就为5×3×1万日元=15万日元。如果在这个会议中还有与管理层B年收入相同的3人参加的话，人事费就为3×3×5000日元 = 4.5万日元。若与A年收入相同的1人参加的话，人事费就为1×3×2 000日元 = 6 000日元。合计为15万日元＋ 4.5万日元＋ 6 000日元≈20万日元。这计算出的仅仅是单纯的人事费用的数值。实际上，**真正花费的成本是这个数值的2倍到3倍**。因为还需要为员工交纳社保、房租补助、交通费等费用。也就是说，这里的20万日元，意味着实际的成本为40万日元或者60万日元。

即便如此，可能有人会认为“仅仅才60万日元的成本”，不足为奇。但是使用了60万日元的成本，就需要赚得与其金额对等的利益。如果假设销售利润率为10%的话，60万日元 ÷10% = 600万日元，也就是销售额要相当于600万日元。那么通过开展会议就至少要增加600万日元的销售额，否则就与ROI不相匹配。(以上内容请参考图37)

更进一步，如果董事级别的人将这3个小时用于销售或者产品开发的话会怎么样呢？其创造出的价值会更大。换言之，直接用人事费用换算出来的20万日元的这个成本虽然数值较小，但是换个角度，**如果将其与增加600万日元的销售额或者将这个时间用在原本业务的选项进行对比的话，就会希望召开这个会议所带来的ROI更高。**

像这样用“金钱”来推导的话，就会使人想要提高会议的效率，不是吗？这样一来，说不定就会有经营者开始考虑仅让必要的人员参加会议，并有效率地讨论当日的课题，从而缩减会议时间。

在这次的实例中，计算的是仅仅有5名董事参加的会议。在大企业中，如果是有20名、30名董事参加的董事会的话，花费的成本是这里的5倍多。**只是将业务换算成金钱，我们就能了解到其浪费的程度。**

我把将业务换算成金钱时的步骤总结为图37以供参考。首先计算出与会人员的时薪。接下来，将他们花费在会议和资料制作等事务上的时间乘以时薪计算出花费的金额。因为这只是基本人工费，不包括其他经费，所以将这个数值扩大到 3 倍才是实际的成本。更进一步，可以用这个实际成本除以销售利润率计算出必要的销售额。请大家一定要试着计算一下。

	步骤	实例
1	计算出时薪。	职员：年收入400万日元≈时薪2 000日元 管理人员：年收入1 000万日元≈时薪5 000日元 董事：年收入2 000万日元≈时薪10 000日元
2	在会议和资料的制作等事务上花费时间， 将他们各自的工作时间与时薪相乘， 计算出花费的金额。	召开3小时的董事会，与会人员为5名董事，3名管理人员，1名职员 ≈20万日元的成本(仅包括与会人员工资部分)
3	将计算出的数值扩大到3倍， 计算出实际成本。	20万日元×3倍=60万日元(实际成本)
4	用实际成本除以销售利润率， 计算出必要的销售额。	如果销售利润率为10%的话， 等同于60万日元÷10%=600万日元的销售额

图 37　将业务换算成成本（金钱）的步骤

销售数据可视化，能影响客户态度

即使是相同的数据，如果能够做到使对方容易理解的“可视化”的话，对于转变其态度（说话者所希望的听者的想法发生的转变）就会起到很大的作用。接下来我将为大家介绍这样的实例。

我在 SUUMO 房屋租赁工作的时候，曾对数据进行过加工，做出了使 SUUMO 客户企业的“销售力”和“广告力”可视化的资料。这个资料是客户企业想要了解，但是凭其自身能力无法制作出来的资料。通过这份资料对于重要的信息可以一目了然。

SUUMO 房屋租赁向个人用户介绍注文住宅销售信息的步骤如下：

首先，事先获得个人客户的基本信息，并了解客户想要建造怎样的注文住宅。

接下来，顾问通过与个人客户面对面或者视频的形式，根据事前收集到的信息，向个人客户介绍 5 家左右销售注文住宅的公司信息。这样一来个人客户平均会对 3 家公司产生兴趣。

在这之后，顾问会向个人客户介绍其感兴趣的 3 家公司的负责人，之后就是他们各自进行商谈。

最后就是 SUUMO 房屋租赁从注文住宅公司处收到签订合同的通知。

通常，注文住宅公司会掌握以下两种数据：一种是通过这项服务实际介绍过来的个人客户数；另一种是实际签约的个人客户数。

一般来说，很多情况下，客户企业会根据这两种数据来评价这项服务。譬如，如果介绍过来的个人客户数多的话，自家公司的销售对象就会增多，从而会给予这个服务高评价。另外，如果合同签单率（签订合同的个人客户数 ÷ 介绍过来的个人客户数）高的话，营业效率就比较高，从而也会给予这项服务很高的评价。

不过，在这项服务中，除了这两种数据以外，还有客户企业无法掌握的两种数据：一种是顾问尝试向客户企业介绍过去的个人客户数。除此之外，还存在着没能介绍过去的个人客户。另外一种是向客户企业介绍过去的个人客户中，**实际签订合同的个人客户数**。这是因为向客户公司介绍过去的个人客户中，除了在这家公司签订合同的顾客之外，还存在着与其他公司签订合同的顾客。

关于“实际签订合同的个人客户数”，在这里需要进行一下补充说明。

比如，顾问向个人客户 a 介绍了 A、B、C 三家注文住宅公司。个人客户 a 最终与 C 公司签订了合同。另一方面，从 A、B

两家公司的角度来看，a 就成了没能与自家公司签订合同的用户。但是实际上，“a 是与 C 公司签订了合同的”这个信息在提供匹配服务的公司中是有记录的。但是，**很多情况下 A、B 两家公司并没有掌握到这个信息**，或者即使在工作现场对这个信息有所把握，在很多情况下也没有向总部进行汇报。这样的数据就是实际签订合同的客户数的数据。

让我们返回话题。正如前面所说，客户公司掌握着两种数据。但是在中介公司的视角里，除了这两种数据之外，还掌握着另外两种数据，也就是一共掌握着四种数据。

充分利用这四种数据，我做出了使 A 客户公司的“销售力”和“广告力”可视化的图 38。

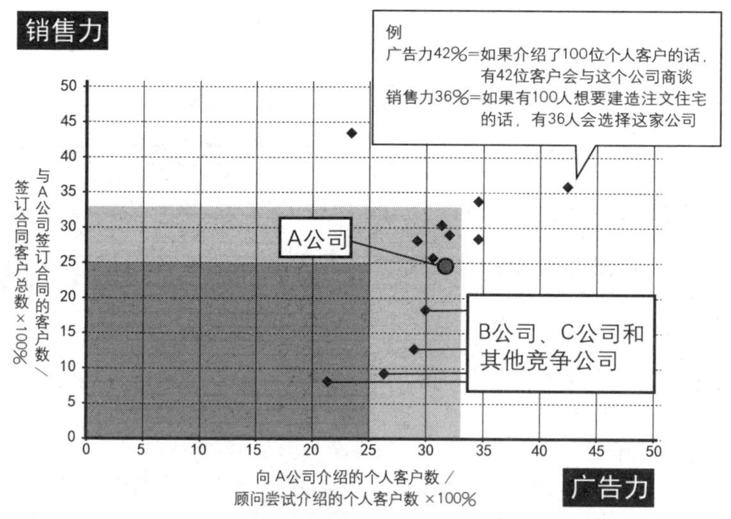

图 38　使 A 客户公司的广告力和销售力“可视化”

首先纵轴的销售力是“与 A 公司签订合同的客户数 ÷ 签订合同的客户总数”。也就是说，这个数值所表示的是在向 A 公司介绍了有意向签订合同的个人客户之后，实际上有几成的客户与 A 公司签订了合同。这正可谓表现出了 A 公司的销售力。

因为我们平均为个人客户介绍 3 家公司。也就是说如果这个销售力的数值大于 1/3 的话，就表明这家公司的销售力较高，如果低于 1/3 的话销售力就较低。

另一方面横轴所代表的是广告力。这个广告力是“向 A 公司介绍的个人客户数 ÷ 顾问尝试介绍的个人客户数”的比例。在这个匹配服务中，在事前顾问就对个人客户的基本信息和需求有了一个详细的把握。接下来就是向客户介绍与其需求相匹配的公司。

若其商品信息，也就是广告优良的话，就有很高的概率匹配成功。在这里也一样可以通过广告力的数值是大于还是低于 1/3 判断出其优劣。

根据这个分布图，就可以对客户公司和同行业的其他公司或者自家公司的每个部门的“销售力”和“广告力”进行比较。

这样一来，如果客户公司以这个数据为参考发现自身的“广告力”低的话，就可以对广告进行改良；或者发现自身的“销售力”低的话，就会对销售流程进行改善或是提高销售人员的能力。最终就会使“销售力”和“广告力”的排位发生改变。**使应**

当采取的措施可视化，客户企业自然对我制作的这个分布图的数据大加赞赏。

不仅是 SUUMO 房屋租赁，提供这种匹配服务的其他公司也要向客户公司提供同样的信息。

工作时间可视化，能提升工作效率

在我所主持的 TTPS 学习会上，曾有一次讨论过关于“测定白领阶层的时间效率”的话题。当时我们讨论得出的有效方法是“可视化”。

请看图 39。使用这个方法的话，你也一定能够掌握你所在的职场的效率。

我们需要准备的是一名职员 2 周的日程表。给大家分发这张日程表，并事先标明其要参加的会议和目前工作的时间安排。

首先我们要把握现状。也就是要将会议、工作和任务按照重要程度排为 3、2、1（3 最重要，1 最次要）。

具体来说，“3= 原本业务”“2= 周边业务”“1= 等待时间”。他们的定义分别是：“原本业务”就是原本自己负责的业务中与成果直接挂钩的工作；“周边业务”就是工作之外的杂务；“等待时间”就是待命和等待客人时所需要的一些等待时间。

接下来，计算出三种业务各自所需时间的合计。接着计算出三者的比例。

如果在给日程中的会议和工作内容进行排序时，对于其是排在“3”还是“2”或者“2”还是“1”时感到困扰的话，我建议大家与同事和上司交换意见后再进行确认。当然，即使是相同的会议和工作，对于有的人而言可能排在“3”，而对于其他人可能

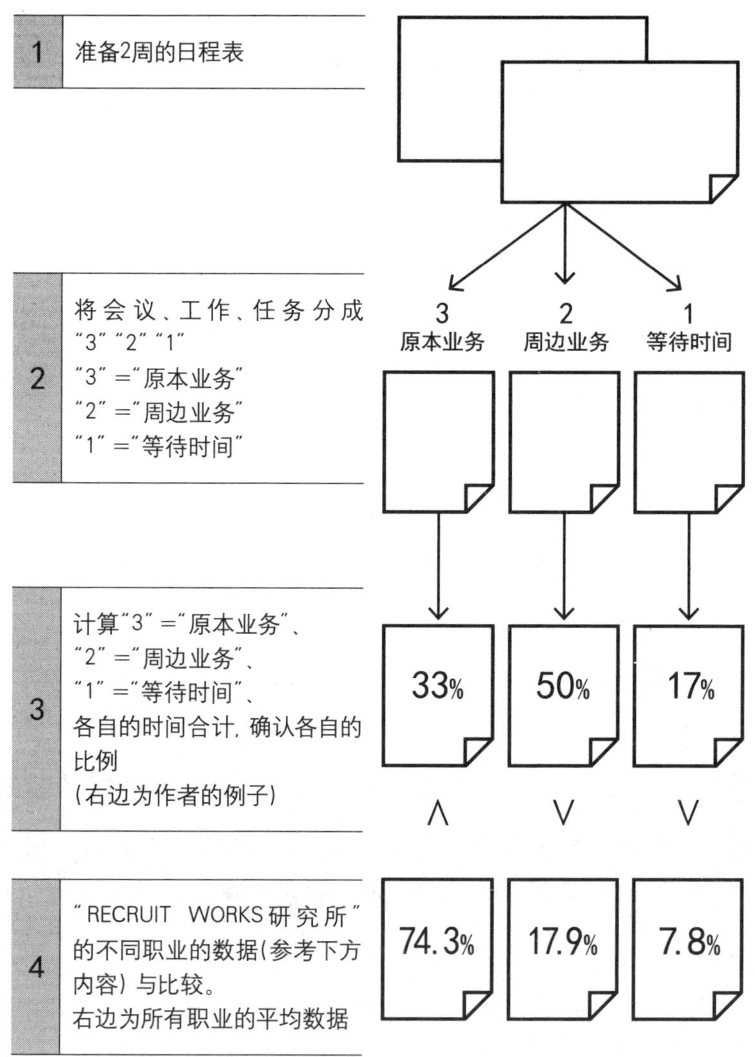

图39 将劳动时间分成3类，使其“可视化”

排在“2”，甚至根据场合也可能排在“1”。

我自己第一次做这个计算的时候，判断出了在某一周自己工作中的“3= 原本业务”的时间仅占据整体劳动时间的 1/3。当时剩下的日程内容的比例为“2= 周边业务”占 50%，“1= 等待时间”占 17%。虽然我当时觉得自己忙得团团转，但实际上，我并没有把精力集中到自己应做的重要工作上，而是在重要度较低的工作上花费了半数以上的时间。对此我真的大吃一惊。

在这之后，我养成了每周对自己的工作日程安排的“3”“2”“1”的比例进行确认的习惯。自然而然地，我也开始按照其各自的重要性来安排工作，“3”的比例也因而逐渐上升。

这样你在最需要重视的“重要工作和会议”上所花费的时间的比例就会增加。如果每周的劳动时间是一定的，那么越是在“重要工作和会议”上投入时间，效率就会越高。

仅仅掌握职场整体和自己工作内容的“3”“2”“1”的比例，是无法判断出其数值的绝对值是高还是低的。

若有什么标准能够作为比较对象的话就会方便许多。

在这里就让我们以 RECRUIT WORKS 研究所的“全国就业实态面板调查”为参考。在这项调查中，研究所将各行各业的职工的劳动时间分为了“原本业务”“周边业务”和“等待时间”。

结果，所有行业的平均比例为原本业务 74.3%，周边业务 17.9%，等待时间 7.8%。我在前面曾说，我在某一周的日程中“3= 原本业务”仅有 33%，与调查数据相比较就可以了解到，我有很大可能在当时度过了效率极为低下的两周时间。

在所有行业的平均比例中，原本业务之外的周边业务和等待时间的合计约为 26%。我们就可以了解到这种情况下的工作的效率化，也就是效率的提高是仍有可能实现的。

那么具体而言，要怎么做才能提高效率呢？基本来说，就是提高“原本业务”的比例，降低“周边业务”和“等待时间”的比例。与此同时，如果能够减少无用的工作和会议安排的话，就有可能减少无用的劳动时间，从而进一步提高效率。

在这种情况下，我们需要了解各种职业的特性。比如说，在“等待时间”的比例为 21.1% 的医药品的销售行业中，我们可以想象得出医师在等待客户时会花费很长的时间。如果每周工作 5 天的话，就可以计算出有整整一天的时间是等待时间。很明显要改善这种情况，仅靠个人的努力是完全不够的。

现在医药品行业也开始了一些新的尝试。比如原来的由医师向客户提供医嘱等，开始转由技术科学（AI）代替医师进行提供。在今后随着 AI 等技术的进步，信息的提供会更加简便且发达吧。这样一来，等待时间就会减少，节省下来的这些时间就可以用到附加价值更高的原本业务中，从而提高效率。

根据职业种类和行业的不同，对于很多企业而言，如果不越过企业采取面向全行业的改善措施的话，是很难产生效果的。但是，仍然还有个人以及企业能够做到的事情。比如，在我担任负责人一职的部门当中，就通过改变会议的形式取得了显著的成果。具体的做法十分简单：

（1）将每个会议的议题分为三类：①讨论；②报告；③决议。

（2）在会议开始前，确保将“议程表”“每个议程的预计时间”以及“说明资料”发送到每位参会人员的手上。

通过这两点，就可以缩减10%以上的会议时间。通过数值的可视化，我们可以进一步提高效率。

工作量可视化，能带来公平与和睦

最近一段时间，父母双方共同工作赚钱养育孩子已经逐渐成为常态。话虽如此，但日本仍是育儿方面的发展中国家，所以“女性承担家务是理所当然的”这种倾向仍然很强。在这种情况下，**通过使夫妇双方的工作“可视化”，可以使夫妇互相支持并分担工作。**

方法非常简单。我制作了图40。我们需要准备的是在日本

×月×日　家务分担		
	丈夫负责	妻子负责
决定菜谱	○	
饭前准备工作	○	
做饭	○	○
制作便当		○
泡茶	○	
收拾碗筷	○	
打扫厕所	○	
打扫浴室		○
送孩子去幼儿园		○
接孩子放学	○	
辅导孩子的作业		○
庆祝母亲的生日		
参加自治会		

图40　使家务“可视化”

的百元店就可以买到的白板、白板用的油性笔以及两种颜色的磁力石。

首先在白板上写出今天必须要完成的事项。接下来，在自己能够完成的事项旁边放上代表自己的磁力石，这就表示“这项事情由我来做”。换种说法就是，如果没有在所需完成的事项旁边放上代表自己的磁力石的话，就意味着“虽然这件事必须要做，但是我没办法做到”。

接下来，另外一人在自己要做的事情的旁边放上另外一个颜色的磁力石。这样一来，只要所有事项的旁边都放有磁力石的话就没问题了。这也就代表着今天的事项可以顺利完成。

但是，也有可能有的事项旁边没有任何一个颜色的磁力石。这种情况下，就需要夫妻两个人进行交涉，来决定这个事情由谁来做，并在其旁边放上代表自己的磁力石；或者还可以选择今天先不做这件事情。

不管怎么说，因为做到了“使两个人的家务可视化”，所以夫妻双方会感受到共同承担家务的认同感与责任感。

通过两种磁力石的数量，就可以一目了然地看出夫妻双方哪一方承担的事项更多。如果只是持续几天的话还好，但是如果经常是其中一方承担的事项比较多的话，该怎么办才好呢？这能成为夫妻双方进行对话的契机。仅仅单纯地以数字进行计算，就可以进行相当公平的讨论。

实际上，这也是参考了程序开发的手段。进行调节器开发的工程师，有着每天或者每周清算自己的工作任务的习惯。他们在团队中相互帮助，从而完成全部工作。如果夫妻之间也采用这种方法的话，可能就不会在家务上产生过大的压力了。

我将这个方法介绍给了很多朋友以及同事中的夫妻，其中很多人按照这个方法进行得十分顺利，希望对大家也能够有所帮助。

将剩余时间可视化，能带来行动力

这是我从演讲者秋山和宏先生那里听来的事情。秋山先生是一名医师，他一直在研究“人生最后的 10 年”这一课题。下面我想来讲讲“人生最后的 10 年”和“肌肉量”。我想看到接下来的内容，大家就会迈出脚步前行。

人生最后的 10 年，可以像图 41 分成 3 类。

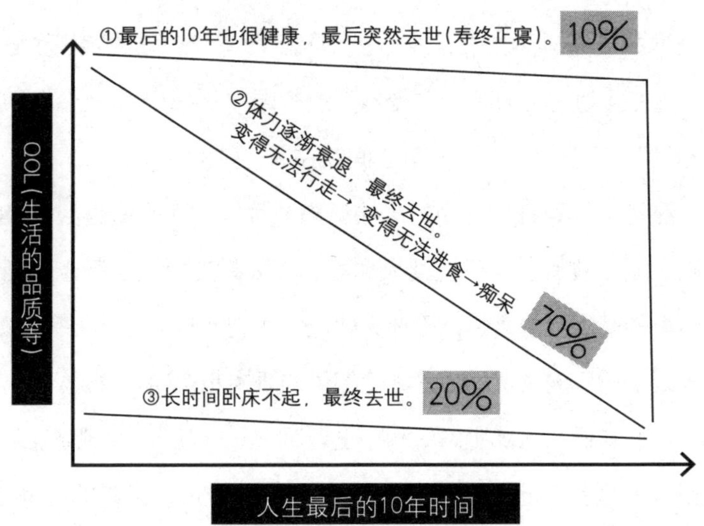

图 41　人生最后的 10 年与健康（设想）

第一种是在最后的 10 年里也很健康，最后突然去世的人。因为这种人身体非常硬朗，但是却会突然去世，所以可以称这种人为“寿终正寝”。在某种意义上，这是人生最好的终结方式。我的父亲也是在去世的前一天还精神百倍地去了美术馆，接着回家之后的那天晚上突然就去世了。我也认为这确实是最好的终结人生的方式。

第二种是体力逐渐衰退，最终去世的人。

第三种是在最后的十年里，大部分时间都卧床不起的人。

其中男性的各项占比大约为 10% 的人寿终正寝，70% 的人体力逐渐衰退最终去世，20% 的人长时间卧床不起直至去世。

对这三种人产生影响的就是“肌肉量”。将第二种的体力逐渐衰退的类型具体细分的话，就能得到三个身体机能衰退的过程。这三个过程的顺序是“变得不能行走”“变得无法进食”“头脑痴呆”。这些过程与肌肉量之间存在着一定的联系。

在健身界，身体之中的大块肌肉被称为“四大肌群”，分别是胸上肌、背肌、腹肌以及大腿肌。人如果变得无法行走的话，大腿上的肌肉就会衰退。因为大腿上的肌肉连接着身体，所以如果大腿上的肌肉衰退的话，其他部位的肌肉也会随之衰退。

我们知道“咽部肌肉”和“上臂肌肉”与身体的吞咽机能有着很大的联系。也就是说，如果变得无法行走，卧床的时间增加，吃饭需要别人帮忙的话，就会慢慢地不再使用手臂。而胸上肌和上臂肌肉得不到使用的话也会逐渐衰退。结果就是人的吞咽机能下降。本来子女是觉得，帮助老人吃饭比较好才帮忙的，但结果却是使其吞咽机能下降，最终老人无法自己吃饭了。

如果变得无法自己吃饭的话，对于吃饭的兴趣就会减弱，同时对大脑的刺激也会随之减弱。而大脑是由蛋白质构成的，其他身体部位的肌肉量的减少对于大脑的影响是不可避免的，最终其大脑的机能也随之下降。

即使老年人因为某些原因变得无法自如地行走，也要尽可能地通过复健等手段让自己重新站起来。这是十分重要的。与此同时，即使自己无法行走，通过自己吃饭也可以有效地抑制接下来的机能衰退。也就是说，保持好自己的肌肉量，是实现将来寿终正寝的一个要点。为此，步行是十分有效的。

先前我提到过，我的父亲在每周的星期一、三、五会去美术馆或博物馆。因此，我的父亲在他生命的最后十年里也能够自己行走、自己吃饭、自己进行判断。在他去世的那一天早上，他好像还吃了寿司和蒸鸡蛋羹。

与男性相比，肌肉量较少的女性寿终正寝的比例明显低下。请大家一定要为了将来的寿终正寝，坚持每天行走维持自己的肌肉量。

第 5 章

快速培养数据型思维的七大秘诀

- 秘诀 1　将数据集中至“1”处
- 秘诀 2　“2”者可以兼得——学会扬弃
- 秘诀 3　要点有“3”
- 秘诀 4　“4P”战略
- 秘诀 5　“5F”角力
- 秘诀 6　“6∑”体系
- 秘诀 7　高效能人士的“7”个习惯

第 5 章是附录章节。

在第 2 章实际使用数据的时候，我曾说过大家要充分利用好自己的经验和知识。不仅仅要利用定量数据，还要学会使用定性数据，从而提高数据的精准度。当然，知识和经验也会因人而异。

因此，在本章中，我将为大家介绍我在运用数据进行思考时所使用的有效知识。

我按照从 1 到 7 的顺序写了 7 点，所以想必较为容易理解记忆（参考图 42）。

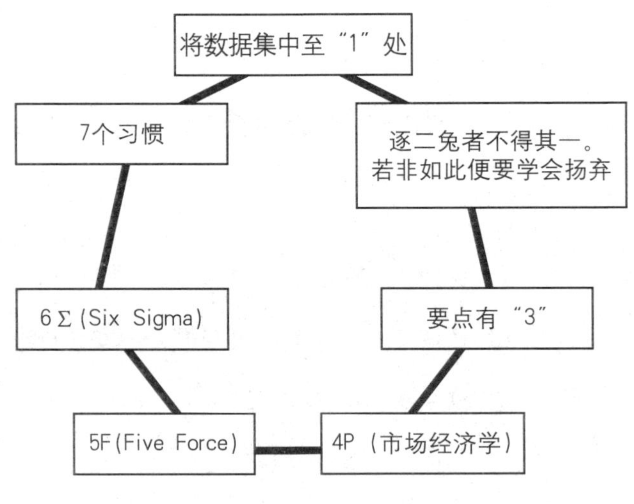

图 42 在第 5 章中进行讲解的 7 个观点

秘诀 1　将数据集中至 1 处

KPI 为什么有效

大家是否知道 KPI（Key Performance Indicator）这个词？在本书中的“前言”部分也对其有所介绍。我在 RECRUIT 工作的其中十一年的时间里除了主讲过“关于数据的读法·想法”的讲座，还担任过“KPI 的基础讲座”的讲师。

在实际使用 KPI 的时候最重要的事情就是，**将自己收集到的数据“集中至最为重要的 1 处”**。KPI 表示的是，与事业的终点相对的，现在事业状态的数据。用形象一点的说法的话，KPI 就是在汽车将要进入交叉路口时，判断其是否可以进入的“信号灯”。信号灯的绿灯表示“前进”，黄灯表示“注意”，红灯表示“停止”。

KPI 数值的作用，就是像信号灯一样，帮助人们判断出对于现在的事业是“继续推进”，还是“有所注意”，抑或是“及时停止”。

为什么要将 KPI 的数值集中至 1 处呢？这用汽车的例子来考虑的话会更容易理解。如果在交叉路口有很多信号灯的话，司机就会感到困惑。比如一个信号灯显示“绿色”，而另一个信号灯显示“红色”的话会怎样呢？司机自然就会感到不知所措。

与此同时，信号灯的位置是在哪里呢？当然，信号灯若不是在交叉路口的前方的话就没有意义了。另外，如果司机在进入交叉路口之前不能辨别出信号灯的颜色的话也同样毫无意义可言。换言之，**KPI 必须是在事业目标的结果产生之前，就事先了解到的“先行指标”**。通过上述内容，我们就能够了解到，将在事业方面发挥着信号灯作用的 KPI 的“数值集中至 1 处”的重要性。想要进一步详细了解这方面内容的人，可以去读一读我的拙作《拿出最好成果的 KPI 管理》。

接下来我为大家举一个实例。前些日子，我给一些正在讨论在下一年度引入 KPI 的上市企业提供了一些意见。他们读过我的这本书后，得到了一些启发。

其中一家企业，一直以来都是以销售额为中心展开自己的事业。但是如果只看到结果指标，也就是销售额的话，就无法做到在早期对事业进行修正。所以他们想要引入能够对先行指标进行管理的 KPI。实际上，这家企业在大部分商品、客户以及地区已经开始使用 KPI。因为是围绕“商品、业界、地区”这 3 个维度进行分析讨论，所以 KPI 就像是立方体一样，非常复杂。虽然我在书中写到“将数据集中至 1 处”，但他们觉得做到这一点十分困难，所以想要从我这里听取一些意见。

我事先浏览了这家公司的主页，发现在最顶部公示着这家公司的经营战略——在本公司倾注全力的行业中，制定解决方案并以此推进 3 年的事业计划。

也就是说，将倾注全力的程度、解决方案的效果通过 KPI 来把控会更好。

而且，这样一来这家企业也可以表现出自己对客户以及课题认真负责。原本的前提是围绕“商品、行业、地区”这 3 个维度进行分析，但是因为这家企业已经决定好自己的主力行业了，所以复杂性会大幅降低。

同时，决定好行业的话，地区这个维度也就变得简单起来。剩下的就是要考虑是否要精简商品的类别。详细询问过情况之后，我提供的建议是不精简商品的类别，而是根据客户的需要提供合适的商品。这种情况下，为了能够找到像图 43 一样的 CSF（Critical Success Factor：关键成功因素），我向他们传授比较重要的营业步骤。

我做管理层时期的经验发挥了作用。我在 RECRUIT 工作时，曾就职于人事部门。与这家公司相同，我也曾经历过面对客户企业的需求，不知道提供怎样的商品的时期。当时 KPI 的设定起到了很大的帮助作用。

我当时注重营业流程的演示，并将其中的数额设定为 KPI。因为若只是采用虚构的数额的话，客户在现场有可能申报虚构的数额。但是这样的疑心毫无意义可言。因此，我设计了在演示后，客户须在讨论好的数额上签名或者盖章的流程。这样一来，就可以降低对方虚构数额的可能性。与此同时，客户在签过字后，也会更加积极地进行商讨。其结果也可以作为设定 KPI 时的有力补充。

即使是与该公司情况相同，在精简商品和服务的方针下，也可以将对该方针提出建议的公司数作为 KPI 的候补选项。像这样的 KPI，会随着战略和方针的变化而变化。

在这里我想要传达给大家的是，将 KPI 的数据集中至 1 处

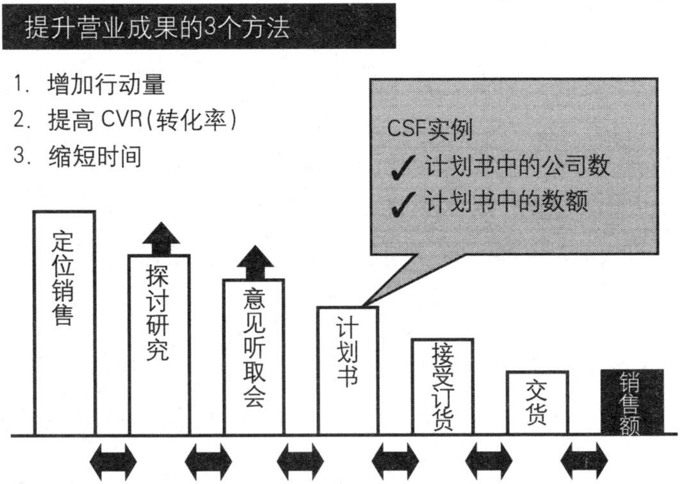

提升营业成果的3个方法

1. 增加行动量
2. 提高 CVR（转化率）
3. 缩短时间

CSF实例
✓ 计划书中的公司数
✓ 计划书中的数额

定位销售
探讨研究
意见听取会
计划书
接受订货
交货
销售额

图 43　从营业流程中找出 CSF（关键成功因素）

的重要性。换言之，也就是 Focus & Deep（专注与深入）。不要把有限的经营资源（人、物、金钱）分散掉，而是将这些资源集中用于 1 处。特别是对于资源有限的中小企业而言，Focus & Deep 是非常重要的概念。

虽然我是这样写的，但仍然有人认为现有的商品和服务都十分重要，因而无法精简。这种情况下，我比较推荐的方法是逐一完成业务。实际上，如果一边兼顾多项业务一边实行的话，最终会导致效率的降低。

也就是说，**即使有很多重要的事情，也要先将数据集中至 1 处，并优先完成这一项事情。**重复这个步骤，最终就能获得丰硕的成果。

 秘诀 2 “2”者可以兼得——学会扬弃

两难困境是可以摆脱的

“逐二兔者不得其一”，这个惯用句的意思是，如果贪得无厌想要得到很多东西的话，结果就会什么也得不到。这同时也是褒奖“将数据集中至 1 处”的语句。

与此相对，对于同时做很多事情，并能将所有事情都处理得井井有条的人，有着“一石二鸟”的说法。因为扔一块石头可以砸下来两只鸟，所以效率很高。

“逐二兔者不得其一”与“一石二鸟”，选择这两个中的哪一个比较好呢？一般来说，“将数据集中至 1 处（Focus & Deep）的效率更高”，这也正是我在前面所阐述的观点。

换言之，**虽然可能出现了一次“一石二鸟”的情况，但这种情况再次出现的可能性较低，很大概率上是靠偶然性得以实现**

的。单纯地对“逐二兔者不得其一”与“一石二鸟”进行比较的话，不得不说，“逐二兔者不得其一”更胜一筹。与前面所说的“将数据集中至1处”的观点相对照的话，也是“逐二兔者不得其一”更加妥当。

但是在现实生活中，我们有时必须或者想要同时实现两个对立的课题。

比如在判断将有限的经营资源（人、物、金钱）用在哪里比较好时，具体来说，有“确保业绩”和“缩短劳动时间”，或者“确保短期业绩”和“用于长期发展的投资”等对立课题。在前者的“确保业绩”和“缩短劳动时间”中存在这样一个问题：明明之前都是通过加班来确保业绩的，如果缩短劳动时间的话，怎样才能完成工作呢？所以人们就很容易认为这样的事情是无法实现的。

在后者的“确保短期业绩”和“用于长期发展的投资”中，因为可能会预计出“短期业绩目标的完成形势严峻”，所以为了确保短期业绩，人们就会考虑缩减用于长期发展的投资。

像这样，乍一看是陷入了无法同时实现矛盾局面之时，我们需要了解到的关键词就是“**扬弃**”。可能有人听说过在数年前担任东京都知事一职的小池百合子女士曾使用过这一说法。

这是哲学家黑格尔在“辩证法”这一解决问题的方法论中使用的术语。如图44所示，在辩证法中通过“正反合”这三个步骤来解决问题。这其中有正（命题）和反（反命题）的概念，以及将这两个概念在一个更高的维度进行统合（扬弃）的概念。

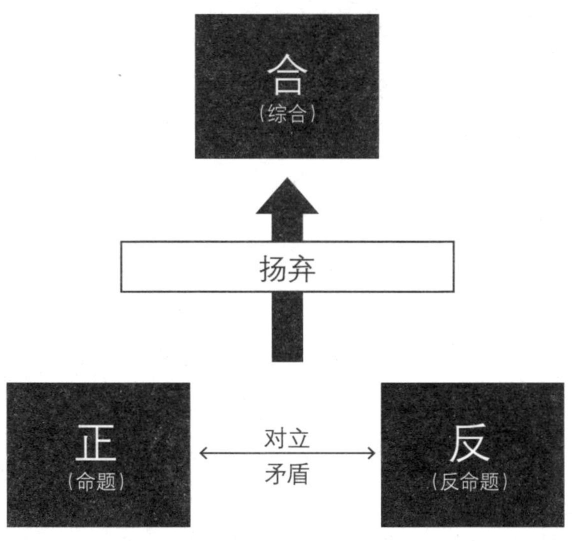

图 44　扬弃（正反合）

在刚才我提出的“确保业绩”和“缩短劳动时间”的例子中，如果只保持现状的话，这两者就只会对立而毫无解决的办法。但是，**如果能够做到“提高效率”的话，就能够同时实现这两者。**也就是通过“提高效率”这一扬弃的方法来同时实现这两者。

举一个稍微抽象一点的例子，比如“四边形”是命题，与其相对的“三角形”为反命题。这样一来在二维平面上是没有办法做到使这两个图形的特征同时存在的。但是如果加一维度也就是在三维的情况下，比如金字塔，也就是四角锥的话，就能够做到使这两个图形的特性不冲突地同时存在。所谓的四角锥，就是从上面看的话是四边形，从侧面看的话是三角形的一种几何体。

有不少乍一看相互对立的概念，是因为人们看待它们的视角和思路僵化了。通过改变对这些概念的观点、思路，是可以做到扬弃的。换言之，**就是不要单纯地去实现一石二鸟，而是要持有改变维度，进行“扬弃”的灵活思维。**

接下来我给大家介绍一个实例。

同时做到“确保业绩”和“缩短劳动时间”似乎是非常困难的，但在前面我曾提到，提高效率是一个很好的办法。那么具体来说要怎么做呢？

在这里存在着几个扬弃的方法。其中最为有效的方法就是在本章中提到的**引入 KPI 管理的方法。**

KPI 管理是指，将需要做的事情集中至 1 处后，所有职员倾注全力去做这件事情。当然这也意味着**与 KPI 管理无关的工作即使不做也没关系。**最终就能使劳动时间得以缩减，也就达成了“缩短劳动时间”这一目标。

与此同时，因为通过 KPI 管理，大家都会倾注全力于能够有效获得成果的工作中，所以“确保短期业绩”的可能性也随之提高。也就是说，是有可能同时实现“确保短期业绩”和“缩短劳动时间”的。

秘诀 3　要点有“3”

只阐述最重要的 3 个要点

“要点有 3 个。首先第一点是……”我相信大家都听过这样的说明方法。这是商务顾问经常会使用的说话方法。

这个数字“3”是非常重要的。人无法同时处理繁杂的事情，也就是说连续不断地听到不同的内容，听者是无法理解的。这不仅仅适用于说话的场合。

举一个大家身边的例子。在商场的食品柜台处，经常会有免费试吃的活动。请大家想象一下试吃果酱的情景。我们假设有试吃三四种味道不同的果酱和试吃 10 种以上的果酱这两种促销方案。哪一项方案的实际购买率会更高呢？事实上，试吃三四种果酱的方案的购买率更高。虽然也有很多顾客会选择试吃 10 种以上的果酱；但是，这些顾客在试吃之后会很容易感到犹豫，不知道买哪一种好。最后结果就是一种也没有买。

当然，如果不是果酱，而是更加重要的事情的话就另当别论了。比如说在面临买房等人生中重要的决断时，很多人都会同时在多种选择中进行比较研究。但是，这样的决断在人生中并不多见。

一般来说，我们可以从经验得知，**人们能够同时处理的不同选择的极限为 4~6 个**。这样看来，数字 3 就是十分合适的数字。

将“要点有三”传达给听众的话，**在听众的脑海中就会形成 3 个“箱子”**。接下来就是将“第一点是……；第二点是……；第三点是……。”这些内容分别放入刚才准备好的“箱子”里。这样一来对于听众而言就更容易理解。即使在资料中使用分条列举的方法，但如果列举的内容过多的话就容易使人不解。

我曾请一位顾问为我们讲解过关于商务资料的制作方法。据他所说，**如果列举的内容超过 4 条的话，就要考虑对列举的内容进行分类汇总，或者是否可以将其中的两条内容总结为一条内容**。也就是说不仅仅是说话的场合，在资料制作方面，“3”也是非常重要的数字。

还有，关键客户提问的时候，即使在那一瞬间想不出 3 个要点，也要先说“要点有 3”，然后边说第 1 个要点边想剩下的 2 个要点。这种做法是真实可行的。最后不管自己是说了 2 点还是 4 点都没问题。

这样我们也就了解到，首先要假设存在 3 个要点。接下来就要试着考虑是否存在着3个要点。也就是说，**大家要先给自己制定出一个考虑出3个要点的任务。**接下来大家要掌握的技巧就是在向听众传达自己想法的时候，使对方在脑海中形成3个“箱子”。

这也是在思考初期非常重要的技巧。实际上如果要点存在3~5个的话，对方大致也是可以理解的。如果大家在说话或者制作资料时感到困难的话，就请试着说出“要点有3”吧。

秘诀 4 “4P”战略

成功需要整合 4 个要素

关于“4”这个秘诀的代表性实例请看图 45 的 4P（4P 也被称为“市场执行战略”）。

4P 也就是 **Product（产品）、Price（价格）、Promotion（促销、宣传）、Place（销售渠道和流通渠道）**这 4 个市场营销重要术语的首字母的合称。这个词告诉我们，**优质的产品，以适当的价格和高明的促销手段，在合适的渠道中进行销售是非常重要的。**

在这 4 个 P 当中，Product、Price、Promotion 是很容易进行设想的。在这里我们可以将 Place 设想为店铺货架上的“场所”，也就是要在符合产品特性的合适的场所中对产品进行销售。这从广义来看，所指代的就是 Place。

畅销商品的 4P 是具有“整合性”的。在销售高价商品的时

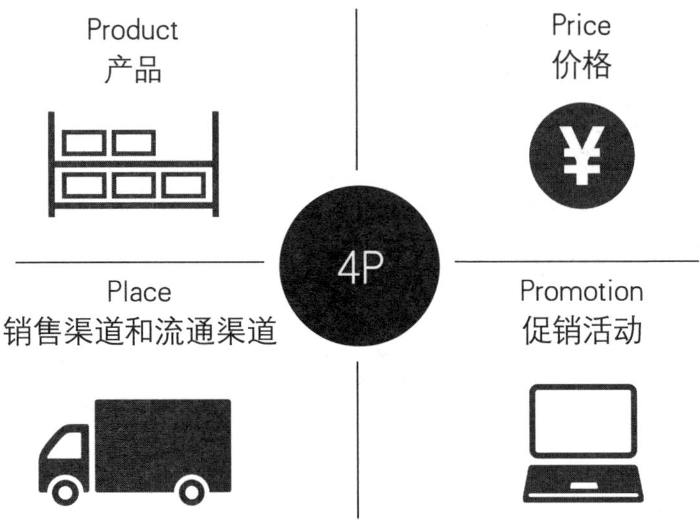

图 45　4P：市场执行战略

候，就要使用与高价（Price）的商品（Product）相对应的销售策略（Promotion），并充分利用适当的销售渠道（Place）。如果这里的步骤没有整合性的话商品就卖不出去。

在市场营销的圈内人员中流传着一个有名的关于浴盐的故事。某家大公司开发出了新的浴盐，于是他们考虑通过这个新产品进军到浴盐市场中。这个产品本身不逊色于市场上的当红产品，其价格也比当红产品便宜。这是因为他们减少了原材料供应商的数量，并在制造方法和包装上下了功夫；同时在广告方面也聘请了当红女演员进行了大规模的宣传。

那么结果怎样呢？

尽管新产品投入到了市场中并开展了大规模的广告宣传活动，但令人吃惊的是，获胜的居然并不是新产品，而仍是当红的浴盐一家独大；而且结果是，当红浴盐的销售情况比起之前还要好。

这是为什么呢?

理由如下。主妇看到了新浴盐的广告，对这个新产品产生了好感，于是准备去超市购买这个新浴盐。但是，超市货架上的大部分浴盐都是当时市场上的当红浴盐。

虽然主妇是为了购买新浴盐才来的超市，但是看到货架上的商品之后，她们就会想“果然还是这个当红的浴盐比较好”，所以她们最终购买的是当红浴盐。换言之，销售这个当红浴盐的公司，并没有加强广告的宣传，而是在商品在超市的流通中，确保了自己商品的销售渠道（超市货架），从而限制了新商品的市场进入。

这个市场营销实例中的成功与失败的经验，用“4P”来进行说明是非常有效的。

让我们试着从当红浴盐的公司角度进行考虑。该公司开创了国内的浴盐市场，因此其 Product（产品）已经成为现实标准。与竞争产品相比较的话，虽然可能 Price（价格）会稍微高一些，但是这个价格与产品是完全对应的。**换言之，可以说在其中存在着品牌价值。**同时，关于 Promotion（宣传），多年来的商业广告发挥了功劳，使得该公司的产品成了“一说到浴盐，首先想到的就是这个产品”的存在。最后关于 Place（流通渠道），面对竞争企业开发出的新的浴盐，通过防守原有货架的这个战术来抗衡。当然，也有可能是该公司向流通渠道（超市等）支付了一定的金额（奖励金），或者也有可能是该公司降低了浴盐价格。但不管是哪一种，当红浴盐的公司与新进入市场的竞争公司相比，实行的都是具有 4P 的整合性的战略。

与此相对，新进入市场的公司，虽然在 Product、Price、Promotion 方面做到了整合性，但是对于 Place（流通渠道）的关注度不够。也就是说没有做到 4P 的整合性。

这并不仅仅局限于浴盐方面。这种思考方法在我们完成工作时也十分有效。

比如，让我们试着考虑一下向市场投入划时代的产品的情况。这个 Product（产品）是有着以往的产品不曾具备的功能的高性能商品。因为在研究开发等方面投入了大量的资金，所以 Price（价格）会设定得较高。而因为能够购买这种高价产品的人是有限的，所以要在高收入者经常使用的应用程序和媒体等平台上进行 Promotion（广告、宣传）。接下来，对于有反响的客户，就要分派受到过一定程度以上教育的 Place（销售人员）对其进行服务。这些步骤无论少了哪一步，都会扩大营销战略失败的可能性。

比如，如果把 Promotion（广告、宣传）改为在普通人所使用的媒体平台上进行的话会怎么样呢？因为没有与目标顾客的

“接触点”，所以增加的只会是来自非购买者的咨询，从而降低促销效果。如果为了控制人事费，分派的 Place（销售人员）是经验较少的年轻职员的话会怎么样呢？他们对于高收入者的服务会有不足之处。别说扩大销售了，他们甚至还有可能会收到客户的投诉。

这种将一部分的特定客户群体作为高价商品的销售对象的战略被称作“脱脂牛奶（热牛奶的表面部分，此处意思就是仅限高收入群体户）战略”。在面向这些顾客群体进行商品销售的时候，受到过一定程度教育的销售渠道和面向高收入者的流通渠道是必不可少的。4P 就是检查 4 个 P 的整合性的框架。在讨论研究促销策略的时候，请大家也务必记得参考这里的 4P。

秘诀 5 “5F”角力

要想维持生存，必须对抗 5 种阻力

接下来是秘诀 5。在这里我将为大家介绍图 46 中的 5F（5Force）。这是 3C（Company：自家公司；Customer：客户；Competitor：竞争对手）的扩大版的定位图。

我先来简单地说明一下要点。5F 的 F 是指 Force，即力量。企业在与各种各样的“力量”进行对抗的竞争环境中经营着自己的事业。图 46 就是表现出这样的企业状态的图。**这是对自家公司打算进军的新市场和自家公司所属的市场进行分析时非常有效的框架。**

让我们按照顺序来看一下这 5 个力量。首先第 1 个力量是来自“**客户**”的外力。客户是想要尽可能地购买低价的商品和服务的，也就是说从自家公司的角度来看**存在着降低价格的压力。这**

也是销售额减少的主要原因。这个力量会在各种情况下想尽一切办法使自家公司降低价格。代表性的例子有“因为我们要买很多”“因为我们总是在你们公司买”“因为我们是第一次在你们公司买”“因为你们公司接到过投诉”等说法。必须要战胜这种力量来确保自家公司的收益。

第 2 个力量是来自“**供应商**”的外力。供应商是想要尽可能地以较高的价格销售出原材料的，也就是说从自家公司的角度来看**存在着进货成本上涨的压力。这也是成本和经费增加，从而使得利益减少的主要原因。**这个力量会在各种情况下以不同的形式向自家公司提出挑战。代表性的例子有“因为其他公司进货价格较高”“因为市场价格变高了”等说法。

第 3 个力量是来自“**竞争公司**”的外力。**竞争企业正虎视眈眈，一有机会就会夺走自家公司的客户。**他们会对自家公司的顾客提出“给您便宜些”“额外赠送给您一些服务”“我们会推出高性能的新产品”“负责人会亲自接待您”等条件。自家公司同样也要战胜这种力量。

第 4 个力量是来自“**新加入者**”的外力。新加入者是指，虽然它现在并不会进军到自家公司所属的市场或销售范围中去，但是**作为新的竞争公司，它也在考虑着进军到这个市场当中。**也就是说，它是自家公司潜在的竞争公司。

以前，我与曾是壁龛市场中的顶级企业的董事长谈论过关于“新加入者”的话题。董事长说，他们企业所创造出来的壁龛市场在成立之初规模很小，没有大企业加入其中。但是，随着市场规模的扩大，大企业开始以“新加入者”的身份进军到这个市场中来。但是当初大企业在进入这个市场时，因为市场规模并没有很大，所以在大企业中，负责这个壁龛市场的人才并不是十分优秀。但是随着市场规模逐渐扩大，扩大到数十亿乃至上百亿日元的规模之后，作为竞争对手的大企业就开始将销售精英投入这个市场。在资本方面占据优势的大企业开始了惊人的攻势，企业没支撑多久就面临着破产的局面。这位董事长的企业也因受到大企业的力量冲击而不复存在了。

接下来是第 5 个力量。也就是“**替代商品**”的力量。在这个力量中潜藏着改变市场的巨大可能性，**也就是会出现代替以往的**

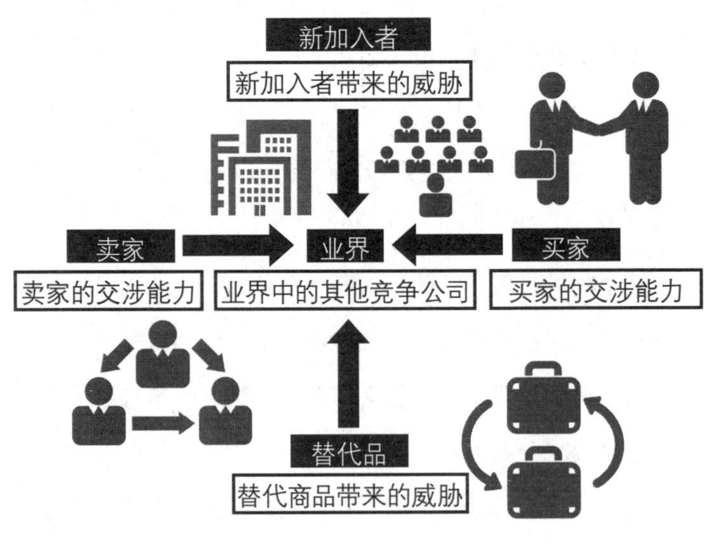

图 46　5F（5 Force）

商品和服务的新的商品和服务。具有代表性的例子，比如原来的BB机和与其相对的小灵通；小灵通和与其相对的普通手机；普通手机和与其相对的智能手机等。最近与电视传媒相对的网络媒体和社交媒体等也是如此。

我开始做销售行业的25年前，销售人员拿的都是BB机。在最开始BB机只能够发出声响，而当时我所使用的是能在显示屏上显示出几位数字的那种BB机。虽然这种BB机能够传达的信息只有数字，但是不管是在地下还是在电车上都能使用，信号非常好。话说回来，当时的女高中生也和我们一样拿着BB机进行交流。

但是，还不到10年的时间，BB机就被小灵通所取代。当时专门生产和销售BB机的公司一个接一个地倒闭。也就是说，小灵通这一“替代商品”夺走了BB机当时全部的市场份额。

但是，小灵通的繁荣也并没有长久地持续下去。普通手机这种“替代商品”夺走了小灵通所有的顾客。

但是，不久后智能手机又夺走了普通手机的市场。虽然用3C对市场进行分析是有效的，但是这样一来**就容易忽视替代品和新加入者的存在。**如果想要把握好市场状况的话，就要通过5F的观点进行分析。5F这一秘诀非常有效，所以请大家充分利用。

秘诀 6 “6Σ”体系

如何在不完美中做到完美

在秘诀 6 中我想向大家介绍的是 6Σ（Six Sigma）。在这里我不是要大家能够充分利用到这一秘诀，而是希望大家能够学习到其中最基本的观点。

首先，我先对 6Σ 的概要进行一下说明。6Σ 是指，在 20 世纪 80 年代，美国摩托罗拉公司所开发出的质量管理方法和经营方法。虽然这种方法主要应用于制造业，但并不局限于制造部门。其不仅适用于营业部门、规划部门等间接部门，甚至还存在着很多适用于服务业等非制造业的例子。

Six Sigma 的词源来自表示统计学中的标准偏差的 σ（Sigma）。在“**即使生产 100 万件产品，也要将残次品控制在三四件内**”这一口号中，Six Sigma 这个词语得到使用，并逐渐确定下来。因为 100 万次 =1 000 000 次，1 后面有 6 个 0，所以在这里使用 6Σ 的说法会更加容易理解记忆。

在本章的开头我也曾提到，我想要传达的内容并不是号召大家去使用这个 6Σ，而是希望大家能够领会到 6Σ 的思想。6Σ 的最终目标是“即使生产 100 万件产品，也要将残次品控制在三四件内”。

那么我想要向大家传达什么呢？那就是，**即使是在作业的最终阶段，也不要想着将残次品的产生率控制为 0。**

在日本，我经常听到把残次品的产生率控制为 0 的事情。

当然，没有失误和残次品的话是再好不过的。但是，以 0 为目标有什么问题呢？以 0 为目标存在着三个问题。

第一点是，**如果将 6Σ（100 万个产品中有三四个残次品）中的残次品数控制为 0 的话需要付出很大的努力和成本。**这当然就会反过来影响到制造成本。所以要不然就是提高商品价格导致竞争力下降，要不然就是不提高商品价格导致自家公司的收益减少。

关于第二点，请大家试着设想一下把年度目标定为 0 残次品时的情形。比如定期对残次品情况进行检查时，**如果在最开始的检查中就发现了残次品的话，这时就已经可以确认无法达成当时的年度目标了。**而无法达成的目标在剩下的很长一段时间内压在自己的肩头上是件非常痛苦的事情。这样一来就无法维持相关员工的积极性。我认为追求这种具有风险的目标是没有意义的。

第三点是，**客户也并没有要求企业做到零失误。**当然能够做到0残次品是非常优秀的。但是，大多数企业是无法做到这一点的。结果就是，如果买家想要买100件零件的话，因为产品中可能会存在残次品，所以在交货的时候卖家会多拿出1件。对于一般商品而言，这种做法是世界标准。当然，确实也存在着追求0残次品的行业，比如火箭和飞机等行业可能就是如此。但是，这样的行业在现实中的数量非常少。（以上内容请参考图47）

6Σ：即使是在作业的最终阶段，
也要以100万件产品中会有三四件残次品

➡ 这样失误的出现为前提

以零失误为目标存在什么问题

1. 如果将6Σ（100万件产品中有三四件残次品）中的残次品控制为0的话需要付出很大的努力和成本。
2. 把年度目标定为0残次品的情况下，如果在最开始的检查中就发现了残次品的话，就已经无法达成当时的年度目标了。
3. 客户也并没有要求企业做到零失误。

图47　6Σ：以出现失误为前提进行考虑

我希望大家从6Σ 中学习到的是，是会考虑出现失误，还是不会考虑出现失误的思想。如果是制造业的话，最终是想要将失误控制在6Σ 的程度的。但如果是非制造业的话，离制造业的范畴越远，需要重复做的工作就越少，所以有可能不是6Σ，而是5Σ 和4Σ，甚至根据场合有可能是3Σ。

我认为出现失误是很正常的。通过6Σ，使失误“可视化”，从而使出现的一定失误得到正确地对待。我希望大家也能了解到这个思想。

秘诀 7　高效能人士的“7”个习惯

专注于人生最宝贵的事物

说到秘诀 7，就不得不提到史蒂芬·柯维博士的《高效能人士的七个习惯》这本书。这本书被翻译成世界上的多种语言，而且在日本也是畅销书。

因为这 7 个习惯已经成为学者研究的对象而且也作为书籍得到了出版，所以我想有很多人应该知道这 7 个习惯。虽然一共有 7 个重要的习惯，但是在这里我想向大家介绍其中我最喜欢的一个习惯。

如图 48 所示的那样，请将工作按照轻重缓急的两个主轴（紧急性和重要性）分为 4 类。并将紧急性较低、重要性较高的工作优先写到日程表中。柯维博士将这种紧急性较低、重要性较高的工作称为“大石头”。

他给出的建议是“**用这个大石头填满自己的日程**”。一般凭感觉而言，大家都能明白“重要性较高的工作的优先度也靠前”。但是同时大家也会产生“紧急性较高的工作的优先度也应该靠前吧”这一疑惑。我第一次接触到这个观点时也产生了这种疑惑。当时我的想法是重要性和紧急性都高的工作才是柯维博士所说的“大石头”。

关于这一点，通过下面的假设我们会更容易理解。“考虑到今后全球化的发展和中国的大发展，应该会有不少人想要学习英文和中文。这与其说是大家现在才意识到的事情，不如说在数年前大家就有所感知吧。但是实际情况是，即使产生了学习语言的想法，但如果自己现在从事的工作并没有直接要求自己掌握英文和中文的话，基本上很少有人会主动开始学习。所以即使过去了数年也没能达到使用该语言的水平。而且，只要继续下去的话，无论是明年还是后年都会如此。

这一假设听起来有些刺耳。但这正是柯维博士所说的“**重要性较高、紧急性较低＝大石头**”。如果大家在数年前就以每周一到两次的频率开始学习语言的话会怎么样呢?

在商务场合也是如此。学习、进修等事情虽然不是今天必须要完成的工作，但是为了自己将来的发展需要大家提前做好准备。重要客户对自家公司的满意度等相关采访工作也是如此。

以短期眼光来看，在第二天到来之前完成自己应做的工作是极其重要的。但是，这只是**将原本在当天必须完成的工作变成了日常**

的一种程序。我认为应该将存在于其中的弊端作为课题加以解决。

为此，养成“**给工作排好顺序，先不做优先度较低的工作**”这一习惯尤为重要。

这个观点不仅仅局限于商务方面，在很多情况下都是十分有效的。

← 紧急性

↑ 重要性

	紧急	不紧急
重要	第一领域“必须” ·有截止日期的工作 ·重要的会议 ·疾病、生命、应对灾害	第二领域“价值” ·考证、学习语言等自我能力的提升 ·建立丰富的人际关系 ·计划和准备
不重要	第三领域“错觉” ·大多数会议 ·大多数电话、大多数邮件 ·大多数接待工作、被委托的事情	第四领域“无用” ·消磨时间 ·煲电话粥、长篇邮件 ·等待时间

图 48　7 个习惯：重视第二领域

在了解到这个观点之后，我在考虑自己的日程时，比起原来稍微多下了一点功夫。就是**在考虑具体日程的时候，尽可能地无视“紧急性”这个标准。**也就是说，我们平时在不知不觉中就会形成用“紧急性”这个标准来考量事物的习惯。让我们鼓起勇气，试着仅用“重要性”这个标准来考虑事物吧。

结束语

2000 年左右的时候，想要出书的我，向已经出过书的前辈请教方法。那位前辈这样说：“你先完成计划书，然后去书店，挑选出你自己中意的出版社，然后把你完成的计划书发送给那家出版社。接下来等待出版社联系你就好了。很简单的！”老实的我，按照前辈的建议复印了 10 份计划书，并分别发送给了 10 家出版社。

当时两家出版社给了我回复。一家是最终帮我出版了第一本书的东洋经济新报社，另外一家出版社则是帮我出版本书的 KANKI 出版股份有限公司。但是，我当时收到的来自 KANKI 出版股份有限公司的回复是“我们没有办法帮您按照这个计划出版书籍”的拒绝答复。当时收到这个答复的时候，我当然感到失望，但是剩下的 8 家公司根本没有回复我，所以虽然 KANKI 出版股份有限公司给我的是拒绝的答复，却给我留下了一个非常真诚的印象。

因此，这次听到他们所说的出版事宜后，我立刻就答应了。

这份感怀的情绪超越了10年的时间传递而来，我感到无比欢欣。

在撰写本书时，除了我在RECRUIT工作时期的“中介学校”的资料外，我投给BUSINESS INSIDER JAPAN的新闻稿、投给日经STYLE的新闻稿，以及我平时经常参考的书籍，比如《从问题开始》《习惯的力量》《解决问题的技巧》《目标》等都是我重要的灵感来源。在这里我要对这些帮助过我进行创作的内容表示感谢。

我从事了大概30年和数据相关的工作。准确来说，是在各种各样的职业和行业中，我都会使用数据去进行商务工作。而且，我所使用的，都像是这本书里所提到的凭借四则运算就可以做到的算术的应用。在此基础上，我借用了很多先人的智慧，从而做到了充分运用数据。如果这种用数据思考的观点能够对提高大家的工作能力起到一点帮助的话，我将感到不胜荣幸。十分感谢大家能够看到最后。

中尾隆一郎